打贏官司的30大心法

律師不會告訴你的事1

張冀明 Victor C. M. Chang——著

暢銷15年
—增訂版—

專文推薦

一窺訴訟的堂奧

王文宇

對一般社會大眾而言，上法庭打官司是件極為麻煩的事，不僅法律文字艱深、訴訟程序複雜，面對法官、檢察官或調查員，更使人手足無措。因此，要能有效面對訴訟，參與並進行訴訟，實在不是一般人所能輕易做到之事。

坊間有關法律常識的書籍固然汗牛充棟，但多僅止於說明法規條文的意義，或是介紹訴訟程序規定，對於一個面對訴訟的當事人所應做的基本功課、心態調適，乃至於如何與法官、檢察官、對造以及媒體溝通，實少有所著墨，因此對絕大多數的人而言，還是難窺「訴訟」的堂奧。

張冀明律師是我在台灣大學與美國哥倫比亞大學的學弟。他不僅法學素養紮實，並有多年的執業經驗。在他執業的過程中，除曾受僱於中小型律師事務所，也在高雄個人開業過一段時間，後來更擔任眾達國際法律事務所的資深律師，並負責台北所的訴訟部門。他執業的過程可謂多采多姿，從一般民、刑事案件到跨國商業訴訟，甚至到兩岸三地的法律紛爭，他無一不精，且游刃有餘。

在張律師多年的執業生涯中，承辦過不少受社會大眾矚目的重大案件，像是代表法商馬特拉公司訴台北市政府捷運局、代表友訊公司訴威盛公司等商務案件，都是難度高、案情複雜、涉及利益龐大的案件，而訴訟勝負都對公司企業有著一定程度的影響，然而他總能沉著以對，最終幫當事人爭取到最佳的結果。連我也常不禁要問，他是如何辦到的？

我與張律師常有連絡，但讀到這本書之後，讓我對他的訴訟能力有更進一步的認識。張律師基於他對訴訟過程的深刻瞭解與體悟，所列舉的心法是那麼地切中要害，若非具有深厚的實務經驗，是歸納不出如此精要的訴訟心法。尤其他引用執業多年來累積淬鍊的大小案例，透過他生動的描述以及鞭辟入裡的分析，使讀者更能瞭解訴訟的精髓，而可進一步加以實踐應用。此書不僅可以增加一般大眾面對訴訟的知識，對於企業經營者來說，更具有寶貴的參考價值。

我有幸能先廣大讀者一步，拜讀張律師的大作《律師不會告訴你的事》，相信本書有助於消除廣大社會民眾與訴訟制度之間的藩籬，更相信本書可以幫更多人透過訴訟制度去保障及伸張自己的權益。

（本文作者為台大法律學院教授）

專文推薦

屈人之兵，攻心為上

張景嵩

未來學大師艾文．托佛勒（Alvin Toffler）與其妻的著作《財富革命》（*Wealth 3.0*）中提到：「在想像的高速公路上，若以百哩時速狂飆的汽車代表今日美國最快速改變的機構，也就是企業，那麼所有緩慢改變的機構裡，最慢的則是法律。」身為產業從業人員，除了對企業經濟活動要具備必要的素養與參與外，更必須對法律，尤其是訴訟，有所認知與瞭解，才能在快速的競爭需求與慢速的法律制約需要上，達到一定的平衡。

「人者，心之器。」舉凡人類活動都有其約略固定的範圍，人生歷練也有其約略固定的類型，並隨著時間推移而歷練漸豐，個人習慣也因此逐漸養成，心智與行為也跟著逐漸定型。一旦遭遇「訴訟」，在某種程度上，生活作息首先會被影響，嚴重者，可能影響到心智與行為。所以，訴訟之初最重要的是問自己：「心準備好了嗎？」如果沒有，對參與訴訟是絕對不利的。

萬一不幸惹上官司，逼不得已要加入訴訟行列的時候，應該如何做好準備呢？我想本書就是最好的指南，作者鉅細靡遺地闡述了訴訟的精華，其中提到律師的角色是顧問、心理醫師、導演與演員，但我特別欣賞他說的：「律師是領航者……名醫也可能診斷錯誤，好的訴訟律師也會犯錯，重點是要盡量減少犯錯的機率，以及在犯錯後做好補救措施。在處境最差、壓力最大時，絕不退縮，絕不放棄贏的希望，要替委託人吸收壓力，讓他們看到希望，建立信心，然後找到出路。」

張冀明律師從事律師行業多年，除了豐富的學識與完整的經歷外，在我跟他接觸的過程中，由於有同鄉與求學歷程多次同校的情誼，對他的瞭解也許與一般客戶對律師的認知不同。我除了敬重他的專業能力之外，最能體會的就是從他內心自然流露出的「領航者態度」。也因此，有時讓人感覺他不是一般常人眼中的律師，而是一位真正引導當事者在模糊的境界裡找到出路的友人——彼此沒有專業的隔閡，有的是共同面對問題、解決問題的切身體認與行動默契。如果把訴訟比喻成一段探險過程，那麼張律師就像是帶領團隊在侏儸紀公園裡闖出重圍的隊長，聰明勇敢，也充滿了人性關懷！

本書中的「訴訟的三十大心法」，雖名為心法，但每章說明皆由具象入手，作完好的歸納與推演，給讀者詳細的流程解說，其可取之處在於完全避免冗長嚼舌的法律條文，讓一般人能夠入口即化，良好吸收，不至於壅塞肚腸，氣脹難忍，對讀者實在是一大福音。

作者從具象入手，一邊以心法佐證，一邊以訴訟場景引導，使讀者輕鬆地瞭解訴訟的各類場景所需援用的方法，並經由各種不同角度的精闢解說，讓讀者得以在咫尺之間，靈活地欣賞法海的浩瀚景觀，除了突顯法律位居人類歷史最悠久的學問與智慧之一的精緻內涵與雄偉格局外，也讓人品嘗到作者思想的沉著深度與想像廣度。

最終，三十大心法一氣呵成，讀者或可將研讀過的內容暫時放空，此時腦子可能呈現的不是密密麻麻的文字，也不是刻板的條文，而是一個活生生的訴訟系統架構，一條暢通無阻的訴訟流程大路。作者本意是想經由揭開法律流程的神祕面紗，使涉訟的當事人在訴訟過程中，將可能的損失減到最低，甚至避免訴訟的發生。

基此，所謂心法或可理解為「心中明法，行為守法」的基礎。雖然「興訟不如無訟」，若要經由每個人的內在自省，達到全然無訟的地步，實在不容易。但我覺得本書在「興訟的現實」與「無訟的理想」之間，已為讀者搭起了一座美好的橋樑。

（本文作者為英華達股份有限公司董事長）

作者序

十五年的時間，一個新生兒已經長大成為青少年；如果是一部新車，開了十五年之後也算是輛老爺車了。《律師不會告訴你的事》承蒙讀者愛護，自二〇〇七年十月上市後，到如今也走過十五年歲月。感謝天父保守，這本書沒有因為歲月流逝而喪失價值，商周出版反而詢問我，是否思考更新此書。

出版社的要求讓我回想這十五年來對訴訟的進一步體悟，尤其在我為了兒女而離開眾達國際法律事務所的二〇一一年底。本以為天父讓我放下訴訟業務，沒想到來自客戶與讀者的殷切期盼，反而讓我以自由律師的身分繼續提供法律服務，他們給予我更有彈性的服務空間，不僅沒有中斷我的實務經驗，甚至還激化我的體會，且有機會以「旁觀者」的角色，客觀看待訴訟、瞭解律師市場變化及法律服務情況。

透過這本書，十五年來我不斷接到讀者回饋，分享他們如何依循本書建議，DIY打贏官司；也有讀者要求我協助他們處理陷入泥沼的訴訟困境。他們不僅以本書內容驗證我的操作手法，還提出更多問題促使我思考書籍內容不足之處，給予我很大的支持與鼓勵。因此，當出版社提出改版建議時，我欣然接受並著手處理。

我在原本的「策略篇／訴訟的二十五大心法」中，增加了五大要領，更完整介紹處理訴訟的心法。其中，在「訴訟準備」的主題下加入「訴訟徵兆」，提醒讀者「多一分關注法律風險，就少一分陷入訴訟的可能」，以及如何掌握風險惡化成訴訟的轉折之處；在「訴訟程序」的主題下增列「訴訟三種類型」，猶如三種不同交通工具，因有不同功能，就必須採行不同操作手法；另於「訴訟策略」下加入「人性層面」，強調訴訟除應注意法律技術層面，若能多關注人性的問題，就能獲得事半功倍的成果；最後在「安度訴訟」一節提出「兩個戰場」及「閱卷制度」等心法，分享如何在訴訟過程中，隨時反思操作的手法是否符合訴訟目的，以有效掌控訴訟方向，確保訴訟成果。

此外，在本書的第三部「實戰篇／心法應用」中，我加入兩個實際案例，介紹如何運用增加的五大心法，同時分享我於二〇一四年間，有幸參與一起開曼公司股東糾紛的訴訟，從協助客戶準備證據資料，到陪同客戶親赴開曼群島開庭的經驗。尤其在開曼法庭密集審理的一個月期間，以「鑑賞者」的身分觀察十多位英國及開曼律師的實戰過程，更確認本書所提到的「三十大心法」是放諸四海皆準的訴訟精髓。

二〇〇七年當時發表這本書的目的，是將個人體悟的訴訟心法分享給身陷訴訟泥沼的人，期盼他們能順利走出困境，並且希望能拉近法律與普羅大眾之間的距離，猶如健保制度拉近醫療與大眾的距離。感謝天父保守，讀者的熱烈回饋不僅讓本書歷久彌新，更強化了我與商周的合作，陸續出版其他三本書，成就了《律師不會告訴你的事》系列，超乎我所求所想。

本書主要從「訴訟本質」出發，除介紹我的習法過程，還說明訴訟的整體框架，以及操作的策略與原則，猶如骨骼是支撐人體的主要架構。書中透過個人經手的實際案例，說明訴訟心法的運用，期使讀者一窺訴訟全貌，客觀地瞭解訴訟內容後，再決定是否走入訴訟。

第二本書《律師不會告訴你的事2：訴訟糾紛全攻略》是從遇到糾紛應否進入訴訟開始，介紹訴訟前的準備、訴訟實施等各種細節，並一一說明操作手法，猶如人體的血肉保護骨骼，並組建成完整的身體，與第一本書相互呼應。讀者瞭解訴訟全貌之後，一旦決定展開訴訟，這本書可作為訴訟展開的法律地圖。

第三本書《律師不會告訴你的事3：你最好要知道的司法真相》是從決定訴訟勝負的角度出發，介紹訴訟是由法官（檢察官）決定勝負，個別法官（檢察官）的「心」是否公正，勢必影響個案的勝負。有別於前兩本書客觀介紹訴訟本質與操作，第三本書談及訴訟主觀內容，搭配第一、二本書，完整說明訴訟的主、客觀面向。

第四本書《律師不會告訴你的事4：如何在訴訟中說服法官》是建議訴訟雙方應從

法官（檢察官）的立場出發，以「將心比心」的方式理解法官（檢察官）的想法，正確與他們對話，建立有效的溝通，務實地完成訴訟目的。訴訟是由三方組成，從雙方當事人的角度來看，是「訴訟」；從法官立場而言，則是「審判」。

《律師不會告訴你的事》系列書籍持續發行，是蒙許多讀者的愛護，盼望讀者能繼續給予批評與指教，也盼望這本書能發揮它的功效。願天父保守大家，平安喜樂。

張冀明

目錄 Contents

■ 訴訟主體

■ 訴訟程序

■ 訴訟策略

目錄 Contents

目錄 Contents

備戰篇

心法的形成

第一章

要做什麼樣的律師？

在父親病危之際，我體會到病人家屬的切身之痛，也驚覺「將心比心」不僅符合人性，更是任何專業不可或缺的要素。缺少了這點，律師只是引用法條的法律機器，無法適切地完成當事人的真切期待。我感謝父親在臨終前，再次以生命教導我。

當律師，當哪一種律師，當什麼樣的律師，關於這些，我受父親的影響很深很深。只是，前兩個選項是在父子談心之間，父親逐步傳遞給我的想法；而最後一個選項，卻是父親罹癌開刀，以生命為代價所帶給我的體悟。

一九九〇年，我轉進國際通商（Baker & McKenzie）工作剛滿一年，這是我待的第三家法律事務所，屬於舉世聞名的跨國性事務所，當時在台灣更因為有陳玲玉、陸台蘭、蔡詩郎、曾宗廷等八位主持律師而深具分量與地位。對於執業資歷不到三年的我，自是更加戰戰兢兢。

但在我正當衝刺之時，同年六月初，我的父親突然身體不適，緊急送醫，並且馬上就開刀檢查。一、兩個小時之後，手術室的門終於打開，一位醫生走向焦急等候的我，說出令我震驚的結論：「肺癌！」

早已喪母的我還沒來得及難過，術後未醒的父親被推了出來，我隨即跟上，轉往病房內。當護理人員走了之後，在鴉雀無聲的病房內，難過與痛楚突然變得更加真實與強烈，因兄姊均在國外，與父親相依為命的我更是不敢隨便離開病房一步。

深夜，父親突然發高燒，我奔出病房，衝向護理站對著護理人員說：「我父親發高燒了，快請醫生來！」嚇壞了的我不知所措，此時醫生是我唯一可以求救的對象。

但護士瞄了一眼手錶後，對我說：「已經十二點多了，不一定找得到醫生！再看看好了。」護士點個頭，轉身就要走開。或許大部分的病患家屬只會接著說：「拜託，找找看！」但我卻厲聲地說：「這什麼話，醫院不是有住院、主治跟實習醫生嗎？住院醫生不在算什麼？他不到，我一定告他。」

四分鐘後，醫生趕到了。我立刻迎上前，對醫生說：「不好意思，還請你體諒病人家屬的著急，要拜託你了。」而醫生原本氣急的神情才稍稍放鬆，語氣也頗為和緩地向我解釋說：「開完刀都會有些感染，所以才導致發燒。」接著便進行緊急治療了。

雖然我「善用」律師的職業病「告人」，讓父親度過了這一次的難關，但這樣的經歷讓我不但難過，也警覺到說，自己在扮演律師的角色時，是否也像那位護理人員一樣，徒有專業，卻沒有「將心比心」？

很多人都說，律師工作和醫生工作有點像，都是在當事人最無助的時候，以自己的專業提供救助。可是，對很多律師來說，他們所認定的專業，並不包括「將心比心」這一項。而在父親危急之際，這起衝突事件讓我體悟到「將心比心」的重要。也因為這項重要的體悟，使我沒有走上「法匠」的律師道路。我期盼自己在處理每件當事人的糾紛時，都能在「法」中注入「情、理」的內涵，並矢志成為「法、理、情」兼顧的「人性律師」！

第二章

一〇七天考上律師

我靠著自創的「一〇七天作戰計畫」，擠過了律師考試的窄門。直到現在，我仍然保有當時作筆記、抓重點的習慣。因而每次出庭時，有別於其他許多律師得要抱著一大堆卷宗才有安全感，我只要幾本筆記在手，就信心十足了。

「法律，我念通了嗎？」一九八五年六月，從台大法律系畢業的我如此自忖著。急著得到答案的我，很快就找到驗收的方式——四個月後的司法特考，也就是在我服役前的兩個星期。

十月十五日我正式入伍，分發到新竹空軍基地防空炮兵部隊。向部隊報到沒多久，我收到了司法官考試的成績單，與錄取分數差了五分。對於這樣的結果我早有預感，我心知，不是我實力不夠，是我對法律的概念不正確。司法官考試一向偏重實例考題，也就是要將法條應用於時事與案例的解析之中。所以，我這一次驗收的結果是：沒有念通！

「沒有念通，就念到通為止。」一般人可能會這麼做，我卻選擇了相反的方式，讓自己放空。這並不是不想念書的藉口，而是我要為自己對法律錯誤的認知，進行一場大掃除。不過，在我刻意放空的當兵兩年裡，腦袋並非全然「空空」，我還是對自己進行了一項小小的訓練，方法非常簡單，就是「觀其眸」。

每天晚上九點一到，全連的人都會在操場集合準備晚點名，當所有的士兵一站定，擔任輔導長的我，隨即展開我的「觀其眸」訓練。我會銳利且快速地掃過一排又一排的士兵，晚點名結束之後，就找幾個被我「看上」的士兵聊聊，他們是「眸子」出了問題的人。

什麼樣的「眸子」是有問題的呢？嘴巴雖然唱著軍歌，但雙目無神；心事重重，顯得鬱卒；喝過酒，眼神茫茫。這些人，多半會惹出一些麻煩。這樣的訓練對我來說，其實也是律師的專業之一；而這樣的訓練，入行已經超過三十年的我直到現在仍沒停過。每一次去法院開庭，我都會來這麼一回，非常有用。

一九八七年九月一日，我退伍了，距十二月十六日的律師考試還有一〇七天；但離十月十七日的司法官考試，已經放空兩年的我，只剩四十七天可以準備。如此有限的應考天數，我不是直到退伍當天才「驚」算出來。早在退伍之前，我就先請教過一位已經通過司法官考試的學長，詳細問了從準備到考試應答的方式。

另外，這位學長非常熱心地開了一份書單給我，我就把我有缺漏的部分，花了五千多元，一口氣全部買回家。接著，再花了六千三百元組了三個大書架，將與考試相關的書籍全部放上去，靠著這一面「考試專櫃」，我開始執行自己所設計的「一〇七天作戰計畫」！

雖然我志在律師考試，而不是司法官考試，但我的計畫之一，就是以司法官考試為目標，在四十七天內先將全部的書籍、資料念完一遍。

要我徹夜念書不是問題，我可以一天念十二個小時以上，而且練就一身倒頭就睡、醒來就念的功力，期間就只要撥三、四個小時做三件事：吃飯、跑步和洗澡。但最大的難題是，要從頭到尾都坐在同一個位置上念書，恐怕沒有幾個人能耐得住。於是我列出了第二項計畫，就是對書桌「動手腳」。

我在四個桌腳底部都釘上了滑輪，每當念到分心或不耐煩時，就轉到一個新的方位再繼續念。當時尚未受洗成基督徒的我還苦中作樂地心想：「就風水的角度，這一〇七天下來，我總會轉到一個最好、最有利的方位吧！」

四十七天後，按表操課的我，果然念完第一遍，帶著成就感去應考。結果第一天考的民事訴訟法中，四題申論題我全都不會答。心有不甘的我，在走出考場後跟同學一談，才知道考題全出自《司法周刊》上的實務見解。我懊惱之餘，就在讀書計畫上再新增一條，就是把同學手上所有的周刊借回家，全部念過。到了十二月律師考試前夕，我反覆念了三遍之多。

因為司法官考試的失利，讓我體會到，即使讀完一、兩遍後，內容全都懂了，但仍然記得不夠牢，得要靠筆記來輔助。所以我又新增一項讀書計畫：勤作筆記。結果，雖然筆記的頁數不多，卻有著很大的功用，那就是在每一堂考試之間的二、三十分鐘休息時間裡，我可以有效地快速復習。

此外，曾經準備過律師考試的人都有一個共同的經驗，那就是組個讀書小組，大家定期聚在一起分析案例。而當時遠住在中和、每天訂有嚴格進度的我，已經沒有多餘的時間外出參加討論，於是我便把電話線牽到自己的房間，然後配合會轉動的書桌，把電話固定在書桌側面，每當自己碰到問題時，馬上就可以撥給學長或同學解惑了。

如此萬全的準備，目的就是希望在年底考試，一舉取得律師資格。幸運的是，在這一年，還發生了一項利多的大事。

一九八七年七月十五日，我正在軍中倒數「饅頭」之際，政府宣告解除戒嚴。在這項政策大旗下，許多的法規、制度隨之轉趨開放，例如各項國家考試的錄取率。其中，最受民意代表與各校師生責難、錄取率一向在百分之三以下的律師考試，就率先在這一年大幅提高錄取率，達百分之五點四三。

雖然錄取率看起來「比較高」了，但以一千八百四十二的報考人數，仍然是一場激烈的競考。所幸，我靠著自創的「一〇七天作戰計畫」，硬是擠過了律師考試的窄門，成為被錄取的新科律師一員。

一九八八年一月，放榜了，我的名字被列在榜單上，我總算取得律師資格，踏入職場，開始當個真真切切的法律人。

第三章 律師考試的定心丸

如果說，「一日之計在於晨」是一般人對於積極的認知，那麼，「一日之計在於前一晚」就是我的策略。所以，一般人的打算是考完試再找工作，而我選擇在考試之前就先找好工作。

一九八七年底的律師考試，是我那一整年的生活重心。但就在撕掉十一月最後一張日曆、進入最後一個月的衝刺階段之際，原本整日都能「釘」在書桌前，依著進度看書的我，突然一個念頭攪亂原本鎮定的心：「念了這一〇七天，誰能保證我會考上？萬一考不上怎麼辦？」

不料，愈想心愈慌，甚至難過起來，彷彿得了「考前憂鬱症」。還好我並沒有繼續耽溺在慌亂之中，而是開始找工作。「如果到了考完試才去找工作，就業市場人滿為患，一定很難有好機會，不如逆向操作，在考試前先找。」我那時心裡這麼想。

於是，我馬上打了個電話給我姊，請她搭公車無聊時，就看看報紙的求職欄，有適合的職缺就幫我圈起來。至於我自己，則是利用念書念到很累、想休息時，就寫履歷。

雖然我是因為心慌而開始找工作，但並沒有慌到胡亂地寄送履歷，而是專挑外商法律事務所。我的理由很簡單：「萬一律師考試沒通過，在外商事務所仍可以有個法務專員的職務；其次是，家人和我自己都希望我能出國繼續深造，外商事務所的資歷會比較有助益。」沒多久，我就接到聯鼎法律事務所（Ding & Ding Law Offices）的考試通知。

十二月四日，距離律師考試還有兩個星期，我在吃過午飯後，騎著摩托車前往位於台北金融大樓的聯鼎法律事務所。當車騎進敦化北路的車陣中，第一眼看到金融大樓時，我心想：「這大樓真美！」後來我才知道，當年聯鼎真有「台灣最美的法律事務所」之稱。

走進這間最美的法律事務所，我環顧四周後發現，竟有二十多人同時應考。而我才一坐定，就開始發考卷。我本以為考的題目應該和律師考試一樣，但看到考題時，我整個人都愣住了，題型竟然是有關外人投資法律事務的中翻英、英翻中題目，另外則是「有人欠錢，請草擬一份存證信函」這一類的「實用題」。

出乎意料的考題，加上自己的英文又不好，我有些沮喪地想著：「整個下午的時間真是浪費掉了，早知道就在家裡念書。」就在這個時候，一位考生走向前，交卷後就走人，而從工作人員的表情看來，顯然那張紙上一個字都沒寫。

看到這種情形的我，心裡竟然有點樂，原來我不是最差的！接下來，我頗為振奮，並且想出應答方法，例如在看完中翻英的題目後，馬上到英文考題裡去找「參考」；而在寫英翻中的題組時，就會回到中文考題中找「靈感」。

寫完最後一題，也就是我最拿手的「草擬存證信函」，我起身交了卷，頭也不敢回地急著離開現場，好衝回家繼續念書。才一進門，我就對著本要開口關心的姊姊說：「應該沒有希望。請妳有空時再幫忙翻報紙了！」

但姊姊沒翻幾天報紙就又暫停了，因為我接到了聯鼎的面試通知。我一掛上電話就興奮地跑去跟父親說：「爸爸，我竟然考過第一關了。沒想到，英翻中、中翻英都不太會，竟然過了。」

十二月十一日早上九點半，身著正式服裝的我，端坐在等待面試的會議室內，當看到同坐的有國內東吳、歐洲頂尖法學院碩、博士高材生，我又有點沒信心了。雖然工作人員說，每人面談時間大約半小時，但沒想到我一等就是兩小時，心中難免有些火氣，但隨即又想到，這或許是在測驗耐性，於是我隨意翻閱聯鼎內部的英文刊物，並在記事本上胡亂地寫著，一來沖淡自己的不耐與緊張，二來也臨時「惡補」一下英文。

點到我時，我戰戰兢兢地走進丁懋松大律師的辦公室。我端坐在沙發上，身體微微前傾，一付專心聆聽的模樣，還不斷點頭，但其實緊張的我，一句話也沒詳聽入耳。直到最後，丁先生問了我一句：「你有沒有什麼問題要問的呢？」我才回過神，脫口說出：「丁先生，謝謝你喔，我只是想瞭解一下，英文要怎麼加強？」丁先生不但沒有失笑，反而很認真地回答：「其實就是多看卷宗，知道人家怎麼寫……」

當我走出丁先生的辦公室時，已經是下午將近一點半了。本以為可以回家等候通知的我，才要走出大門就被工作人員叫了回來：「請你到丁太太辦公室談。」見到丁太太的第一面時，對業界生態瞭解有限的我，在腦中快速地想著：「丁太太，與丁先生是夫妻嗎？可是，丁先生看起來很溫文儒雅，丁太太顯得活潑開朗，應該不是吧！」

我與這位丁太太也談了快一個多小時。而我事後才探知，丁太太叫陳國慈，當時她的確是丁先生的太太。談完後，我認為這次應該可以回家了。不料，再度被留了下來，繼續與兩位主任面談。

回到家後已經超過下午四點，這次面試確實占用了我不少念書時間，但我仍忍不住把過程告訴一位台大的學姊，這位學姊聽了後大樂說：「我看你一定被錄用了。」自覺太緊張、英文很不好的我，並不敢相信。

十二月十四日，再過五天就要參加律師考試的我，竟然收到了聯鼎的錄取通知，學姊的判斷果然準確。而在高興之餘，我也發現，原本慌亂的心情不見了。確定有工作之後，得失心就不再那麼重了。聯鼎的錄用，對我是一個很大的安定力量。

到聯鼎上班一個月後，律師考試的成績出爐。我上榜了，但在同時，我也做出一個頗為不忍的決定。我拿出雙親送我的鋼筆，一字一句、工整地寫出人生中的第一份辭呈。

第四章

好差事，只做三個月

短短的三個月裡，是什麼事讓我做出對聯鼎、對丁懋松大律師來說，都看似不近人情的決定？「訴訟乃律師之本！」這是我不得不選擇辜負丁先生的恩情，改變工作起點的關鍵。

「今天是上班的第一天。」一九八七年十二月二十三日，我輕鬆地在日記上這麼寫著。三個月後，我卻嚴肅地提筆，以「感謝您多日來的照顧」為開頭，寫出第一份辭呈。

其實，我寄履歷給聯鼎的考量很實際，但當我真正進入到聯鼎之後，即使承辦的多是國際貿易的協談、重大法規的見證等等，但對甫念完學理和法條的我來說，「訴訟」才是最吸引我的，而這念頭一浮起就再也散不去，直到律師考試放榜那一天，我更加確定了自己的方向。

一九八八年一月底，我在聯鼎上班滿一個月，然而這一天也是我最忐忑的日子，因為律師考試即將放榜。而我也是在這一天才知道，原來事務所裡有不少同事也參加了這次的考試。

坐在我對面的學姊看出我的不安，試圖要安撫我。但我還是無法平心靜氣，我對她說：「學姊，謝謝你，但我知道，這個市場就是這麼現實。如果我考上了，待會桌上的電話就會響不停；但若沒考上，今天它一整天都不會響。」

話才剛講完，桌上的電話就鈴聲大作。我愣了好一會兒，才趕忙接起電話，電話那一頭是父親：「你有位學長打電話來，說你考上了耶！」我先是頭皮一陣發麻，接著反問說：「真的嗎？」但隨即我就對父親說：「爸，您再去幫我看一次榜單好了，計程車費我出。」

電話一掛斷，竟馬上又響了起來，是另一位同學打來報「佳音」，我這才比較相信是事實，趕緊請老父親不用跑一趟了。

到了下午，丁先生也知道我考上的好消息，他立即把我叫進辦公室，一談就是三個小時。由於在那個年代，具律師資格的人員難尋，丁先生為能留住人，馬上替我加薪，而且還要撥出一間獨立的辦公室給我。

我欣然地接受了加薪，但回絕了獨立辦公室的好意。「如果是獨立的房間，我會被孤立，學不到東西。」我這麼說，對我很好的丁先生也尊重了我的要求。

可是，在錄取、加薪的喜悅與成就感過後，未雨綢繆的思慮又再次出現。在案子一個比一個大的聯鼎，我是不是會錯過許多成為一名好律師的磨練機會？在標的金額均超過上億元的案子中，我清楚知道「初生之犢」是不可能獨挑大樑的，而聯鼎當時也沒有經驗豐富的訴訟律師帶領。

對法律極有興趣、靠自修念法律的父親曾再三叮嚀我，民事一定要念好，而有沒有念好，似乎要靠一次又一次的寫書狀和出庭辯論來檢驗。也因此，我在心中不斷想著：「考上律師了，似乎應該到本地事務所去，才有機會好好地從訴訟著手，把訴訟學會，這才是根本。」

放榜後一個月，二月二十七日的晚上，我在萬分不捨的心情中，握著鋼筆的手，很用力地、字句工整地寫出我人生的第一份辭呈：「感謝您多日來的照顧……」

對我非常照顧和賞識的丁先生雖然試圖挽留，但終究還是同意了我的辭呈。只是，對於辭職原因，我並未完全說明。基於對丁先生的感恩之意，我保留了即將跳槽的事實。

往事歷歷，至今我仍留存著聯鼎為我印製的名片，而我應聯鼎工作之需所取的英文名字 Victor，不但始終相隨，還成了我做人處事的期許。

聯鼎提供了我入社會的首份好差事，我雖然只做了三個月，卻是我永遠銘記的人生起點！

第五章 訴訟良師張迺良

一九八八年三月一日，我正式到張迺良律師事務所報到，也進入了我律師生涯的啟蒙期。在這個時期，我體悟出一個道理：「訴訟，其實是溝通。」出庭是口頭溝通，書狀是文字溝通，而溝通的對象是法官、檢察官和對造。

六〇年代，台灣司法人員的「產出」還屬於被嚴格「控管」的重要公職，但張迺良不但從檢察官、地院庭長，一路做到高等法院庭長，還曾獲頒十大傑出青年。如此資歷、地位，使得他在八〇年代成為執業律師後，慕名而來的當事人不計其數，包括眾所矚目的榮星案、十信案，都是由他出馬。而我在一九八八年加入之後，短短一年半內，受派出庭的次數就約達四百次之多。

我如何能成為張迺良的「弟子」呢？說來，我在台大法律系的導師李鴻禧是關鍵的「媒人」。

在我取得律師資格，決意回頭從「訴訟」磨練起的那一刻，我打了一通電話給台大法律系的導師李鴻禧。我與李鴻禧教授有個頗為有趣的「緣分」，就是我們從林森國小、嘉義高中到台大法律，「學歷」完全一樣，所以他不只是我的老師，同時也是「完全學長」。更巧的是，當我才向李鴻禧教授報完「考上律師」的喜訊，他馬上回說：「考上啦，那我介紹一個事務所的工作給你！」我很是意外地說：「謝謝老師，我正好也想找個律師事務所工作。」接著，我就趕到李老師家詳談細節。原來，在我打電話給老師的前一天，他的同學，也就是張迺良律師，才請他介紹學生到他的事務所工作。

就在同一天的傍晚六點，我與張迺良夫妻兩人碰了面，聊了許久後，張迺良律師就直接問我說：「那你何時可以來上班呢？」我半是驚訝、半是欣喜地說：「啊？已經面試好了嗎？」那一晚，我寫好了給丁懋松律師的辭呈。

在我考上律師那年，儘管律師考試的錄取人數破天荒地突破百人大關，但還是隨即就被各家事務所給延攬走了，而這也正是為什麼像張迺良這樣的名律師，也得請在大學教書的李鴻禧教授幫忙轉介人才的原因。

只是，這些取得律師資格的新鮮人，多半都是未出過庭、寫過書狀的菜鳥，因而進到法律事務所後，還得在助理的位階「蹲」上好一陣子。但張迺良卻很敢、很大方地給我機會，從寫狀子、出庭，乃至獨挑大樑負責案子，讓我有揮灑的空間，但又在我經驗和能力不足以應付時，在背後指導。

由於張迺良律師事務所接的案子千奇百怪，根本就是整個台灣社會的縮影，因而除了法院，也要跑調查局；有民事糾紛，也有刑事案。所以在這裡，我每天平均早上出兩次庭，下午再出兩次庭，一年半下來，出庭達四百次之多。

在接案類型與數量都多得驚人的情況下，我也就被訓練出一套非常紮實的做事流程。以撰寫書狀來說，我會利用等待開庭的時間寫，在趕往下一個庭的計程車上也振筆疾書，甚至連走在路上時都會思考狀子的架構，一回到事務所就馬上寫出來。

每當寫好一份書狀，我都會交給張迺良律師審閱，而他在修改狀子時，會把我叫到一旁，逐字逐句修改給我看，也說明為什麼要這麼修改。

為了能將張迺良律師的修改記下來，甚至可以深化為我的書寫標準，我就把他每一次改過的書狀，從法條援用、思考架構，乃至用字遣詞，全都背下來，就這樣，我在事務所做了一年半，也足足背了一年半之久。

在五〇到七〇年代，有百分之五十的律師是從法院退休下來的，因而都有一定的歷練和素質，所以要去開庭時，都穩若泰山。但因為我經驗不足，所以總是很緊張。

不過，正因為張迺良律師就是那百分之五十從法院退休轉任的律師之一，加上名氣也大，許多法官、法警都認識他，因而他出入法院都頗受尊重。而儘管我只是替他提公事包、準備卷宗資料的助理角色，但還是託他之福享有「同等禮遇」。

進到了法庭裡，我會特別注意張迺良律師與法官、檢察官、對方律師如何互動和交鋒。有時在等待開庭之前，我也會跑去看別人的庭，仔細觀察庭中每一位角色的應對進退。

不知是當時太年輕，抑或事實如此，總之我感覺到，早年的律師大多非常嚴謹，而法官則除了年紀、資歷及社會練達度豐厚外，問案、法庭氣氛可都比考試的挑戰難度還高。

然而，想不到的是，寫書狀被改、出庭面對老法官這些經歷，比起接下來的「操練」，只能算是小巫見大巫。

第六章

大開眼界，菜鳥高飛

第一次出刑事庭就被恐嚇；第一次接案，竟然起死回生；第一次上媒體，卻是在影劇版；第一次「嗆」法官，被整再開十九次庭……種種第一次，都為菜鳥的我累積「高飛」的動力。

「一百億元，你們從前聽過一百億元的弊案嗎？」語畢就腦溢血當場亡故的前交通銀行常董余井塘，他所厲聲痛斥的，就是發生在一九八五年、台灣史上最大宗的經濟犯罪事件。

雖然，事件主角蔡辰洲在判刑前夕病故，而當時的經濟部長陸潤康、財政部長徐立德及中國國民黨祕書長蔣彥士也因此辭職。但這樁前所未有的醜聞，在台灣的經濟、社會以及法律上所引發的風暴，久久難以平止。

張迺良受任為十信顧問蕭政之的律師，當時他大部分的心力幾乎都投注在此案上。然而，前來委託張迺良律師承辦的民事糾紛非常多，他在盛情難卻之下只能接了下來，但也因此將許多案子交給我。初出茅廬的我雖然緊張，也只能把握每一個機會努力學習。其中，有幾個「第一次」的經歷，令我至今難忘。

❖第一次獨自出刑事庭，就被恐嚇

剛上班沒多久，張迺良律師就派我到士林地院為一樁刑事案出庭。一路上，我急忙地消化資料，到了地院出庭時，全程就緊盯著事情的發展，幾乎什麼話都沒講，直到最後法官問我意見時，我才簡單地回了一、兩句，就結束了這一庭。

庭後，當我正在脫法袍時，一名滿臉橫肉、年約五十歲的壯漢走到我面前說：「你這律師，我很欣賞你，來，給我一張名片。」我原本還天真地以為有人欣賞我，準備在脫完法袍後，從皮夾裡拿出名片。但緊接著那個壯漢又說：「我要去拜訪你。」當我發現我的當事人躲到遠遠的角落後，這才驚覺到：「是在恐嚇吧！」於是，我靈機一動地說：「我忘了帶名片。」然後馬上閃人。

後來，那位當事人的好友剛好是當時某政黨大老，事後他打了通電話給我說：「張律師，我跟你講，你不要怕啦。我有 B.B.Call，以後你碰到事情，就 Call 我，我三分鐘就到！」我聽了哭笑不得，心想，遇到狀況時，若還要找到電話打給這位大老，等他到現場時，我怕已經是掛了。

而我回到事務所後，對張迺良律師說的第一句話是：「報告律師，以後我不接刑事案件了。」他在聽完我詳述緣由後，只是笑了笑對我說：「嘿嘿嘿，張律師啊，被恐嚇是家常便飯。但黑道通常也不敢隨便欺負律師，不然以後就沒有律師敢替他們辯護了。」

餘悸猶存的我，並沒有被張迺良律師完全說服，只是，想到自己好不容易考上律師，又決意要到本土事務所歷練，而父親對我的期許也甚高，怎能輕易言退，只有繼續往前衝了！

❖第一次接案，竟然起死回生

被恐嚇事件才過，更大的挑戰來了，張迺良律師讓我承辦一個土地糾紛的民事案件。一接到案子時，我完全傻眼，委託人居然完全沒有資料、沒有證據。名叫陳等傳的當事人是位鄉下人，與人交易全憑信賴、承諾，就這樣不但被人坑了，又沒能留下任何資料。儘管陳等傳覺得很冤屈，但情勢對他十分不利。可是張迺良律師還是答應了他的委託，接下案子。

只不過，張迺良律師把狀子寫好後，就交給我去打官司了。硬著頭皮上陣的我，只好採取旁敲側擊的方式，在法庭上先是根據我瞭解的具體事實講故事，一方面取得法官的信賴，同時也進一步要求法官調閱更多其他的資料。沒想到，這案子竟然起死回生，最後還打贏了。

「對任何官司都不要悲觀；任何訴訟都有打贏的角度。」這是我第一次接案的最大體悟。

❖第一次敗訴，第一次寫第三審上訴狀

一九八八年六月初，我在張迺良律師事務所剛做滿三個月，他送給我的「賀禮」是撰寫第三審上訴狀。和陳等傳的案子一樣，這也是一樁土地糾紛，但此案是發生在桃園，涉及金額高達兩億元的民事官司。

在張迺良律師的指派下，我負責出庭。前一晚，我不斷看著花盡心思寫好的狀子，猛背寫好的辯詞和主張。當天，我穿上法袍，在充足準備的自信下，在法庭上講得口沫橫飛，甚至是手舞足蹈，但直滴在卷宗上的汗水，仍看得出我緊繃的精神。陳述完畢後，我深信，這官司贏定了。

不料，判決出來的結果是，我方輸了。挫折的我，雖然覺得對當事人無法交代，但仍鼓起勇氣，撥了電話要向當事人致歉。沒想到，當事人竟安慰我說：「沒有關係啦。開庭辯論那天，我就已經知道輸了。」

聽到這一句話，我既震撼，更加百思不解。這位當事人才透露，有位律師打聽到，對方塞給法官的好處比較多……。我才知道，自己第一次敗訴，是敗給了法律界的黑暗面。「我們再上訴。」當事人不願放棄地說，我隨即回報了張迺良律師。

雖然張迺良律師願意替當事人上訴第三審法院，但因為他忙著另一樁刑事案，於是再度交辦給我，並要求我盡速看完所有卷宗，寫好第三審上訴狀給他。

由於上訴第三審的書狀必須以原判決違背法令為理由撰寫，否則很容易被駁回，再加上又必須在「判決送達後二十日內」提出上訴，我壓力大到不行。而且當我跑到法院申請閱卷時，竟送來三十三個紙箱的卷宗，其中還有許多是與土地相關的謄本，不太會看的我，一時慌了手腳，完全不知如何處理。

兩個星期後，我把寫好的上訴狀交給了張迺良律師，結果他看了非常不滿意地數落了我一番，但他也坦言：「其實，你才來三個月，叫你寫這樣的狀子，對你來說也太難了些。」

接著他對我說：「沒關係，你告訴我，你對這案子的想法是什麼？」然後，他就根據我說的看法、寫的狀子，親自重新改寫。結果，他只花了一天的時間，就寫好上訴狀。

張迺良律師一天寫完上訴狀的功力，令我咋舌，因為那可花了我十四天的時間。所以，當我聽到張迺良把寫好的狀子送到打字間時，我就央求負責打字的小姐說：「請把律師的草稿留給我。」

「這一定會發回更審！」我看完張迺良律師寫的狀子後如此深信，也對他能在一天內完成這樣的狀子深感佩服，更期許自己有一天也能有如此的功力。

果然，最高法院真的發回更審。我就將法院的判決內容、張迺良律師寫的狀子，以及相關的卷宗做對照。這麼做是要瞭解，張律師到底是如何在一天之內，看出幾個重點，寫出這麼好的上訴狀，而最高法院又是用什麼樣的角度發回更審。

自此，我就養成「背狀子」的習慣，只要是張迺良律師修改過的書狀，我全都背，而且還用螢光筆標記重點。

有時，張迺良律師只是改了兩個字，意思就變了。而且在論述完一件事後，要如何批判，他都能轉折得非常好。此外，他從五〇年代就開始寫書狀，大學時又愛念古文，所以才思如行雲流水，文字造詣很高。每背一次，我就多一些心得；每背一次，我就會更加感念他不厭其煩的耐心指點，以及敢於把案子交給我的信賴。

❖第一次罵法官，被整開十九次庭

一九八八年八月間，一個業內律師都不敢接的案子，找上了張迺良律師，再一次，他給了我「表現機會」。

此案件的當事人是擁有多筆土地資產的公家單位，其中一筆位於南京東路段的土地被一名老總統的侍衛占用，而且還開了餐館，公家單位想收回，但找了很多家法律事務所，卻沒人敢打這場官司，最後只有張迺良律師願意接。

當我被指派去出庭時，遇到了一位對律師極不友善的法官，據說有很多律師若知道是這位法官審理，就寧願馬上撤回訴訟。但我不明就裡地去開了庭，果然一再被刁難。

有一回，這位法官要履勘現場，我同意後，就去繳了相關費用。履勘完後，開了一次庭。但到了下一次開庭時，法官再次要求履勘現場。我直言道：「報告法官，你已經履勘過了！」法官提高聲量說：「履勘是我的權力啊！」而我不但音量變大，火氣也加大地回說：「你固然有權力，可是你不要忘記，我當事人可是要繳費的。」

法官先是一愣，接著就氣呼呼地說：「你、你，好，你不讓我去，我就讓你來開庭。」結果就開了將近十九次庭。其實我在罵完後就頗為沮喪，所幸，最後打贏了這場官司。

十年後的某一天，我在法院遇到了那一庭的書記官，雖然她已調到執行處多年，但她一看到我，竟然就說：「我認識你，你姓張，你就是……不過我知道，你也是為當事人。」或許正是因為如此，所以即使過程中開了十九次庭，張迺良律師還是放心地讓我繼續辦案。

❖第一次上媒體，竟在影劇版

「林曉峰帶人搶女，林珊如哭喊自由」這個標題出現在一九八八年九月七日各家報紙的影劇版上。會登上報紙版面，是因為林珊如這位童星，而林曉峰則是她父親，要爭取女兒的監護權。至於我，則是林珊如奶媽的委任律師。

新聞事件發生在六日下午兩點，林曉峰帶著四個壯漢，闖進林珊如奶媽陳周美英的家中，他表示，要以法定代理人所具有的親權來要回女兒。林珊如不願跟他走，他便強制動手；此時陳周美英、壯漢、林珊如拉扯成一團，林珊如更是哭叫不已。

正當雙方拉扯哭叫時，趕到場的我表明律師身分後，隨即說道：「親權必須與權利義務同時付出，才有資格把人要回去，否則便構成妨害自由行為。」林曉峰才停止搶女行動。

而成功制止這場搶女行動的我，就這樣獻出了登上媒體的處女秀，只是出現的是與我專業無關的影劇版面，頗令人啼笑皆非。不過，阻人搶女，只是我當年處理的千奇百怪案例中，小小的「見證」。

我當時曾對朋友開玩笑地形容說：「這一年，我是瘋瘋癲癲地過！」但正因為接觸到這麼多錯綜複雜、型態萬千的案件，我才能把法律的適用性發揮到極致，脫離跌跌撞撞的菜鳥生涯，展翅往目標準確地飛去！

第七章

擴大視野，再戰外商

張迺良律師事務所的實戰經驗，為我的訴訟能力奠定了紮實的基礎。唯有站在堅穩的基石上，才能在突來的坍塌中，一次又一次地重新來過。但為了擴大視野，完成我一直以來的夢想，只有再戰外商法律事務所。

通常，員工要離開公司，老闆總是最後才知道的人。但是在我進到張迺良律師事務所之時，我就已經對之後的離開心有準備，甚至連可能去向都提早向張迺良律師報告。

我能「預告」未來，是因為在我心中有個不曾動搖的目標——出國深造。我的堅持，有百分之八十是來自老父親的期待。

身為家中最小的孩子，我非常能體會，當兄姊陸續出國時，父親臉上的驕傲；但我也很清楚，在機場為兄姊送完行之後，父親心中的寂寥。這份孤寂就只有我能為他老人家抹去。為此，我一再延後出國進修的念頭。

直到我考上律師的那一天，我那平日甚為節省的父親，竟然高興到主動打越洋電話給我的姊姊報喜訊，接著他隨即就說：「冀明要申請哈佛，要去念哈佛！」我才又意識到，父親對我的期望未曾改變。

也因為如此，在我的前三份工作裡，有兩家外商法律事務所，我努力尋求更多的學習機會，從語文、法律專業，乃至公司營運模式等等，希望能打下更好的深造底子。

然而，我始終感念張迺良律師為我打下的紮實基礎，唯有站在堅穩的基石上，才能在突來的坍塌中，一次又一次地重新來過。他是我非常重要的啟蒙。

改寫訴狀，是張迺良律師賜我的第一塊基石。每當他改寫一次，我就背一次。在張迺良律師事務所的一年半裡，我整整背訴狀背了一年半。事實上，經過一年三百多次出庭的「魔鬼訓練」，我所寫的狀子已經愈來愈穩練。也因此，張迺良律師交給我負責的案子愈來愈多。其中，一個與十信案有關的案子，給了我到外商法律事務所工作的機會。

這個案子是由張迺良律師事務所與國際通商對庭。一九八九年六月中旬，出庭的那一天，我見到了大學時代的女同學，而她正好就是國際通商律師團的成員之一。雙方在庭上的交手，並無礙於我們兩人在庭外的職場資訊交流。

當聊到未來的規畫時，這位女同學透露了她將出國念書，而事務所會有職缺的訊息，我隨即直言：「我想去！」就在這位女同學的轉介下，我得到了面試的機會。

由於國際通商當時的合夥律師有八位之多，我還得私下抽出兩個半天的時間去面試。不過，在第二天下午與八位合夥律師都談完之後，我頗有信心自己會被錄取。於是我決定向張迺良律師說出實情。

那天傍晚，張迺良律師請公司同事吃火鍋，也打了幾次電話要我趕到，但我是在飯局結束後，才回到公司單獨會見張律師。我一進他的辦公室，他還對我說：「我們剛還在吃火鍋耶，怎麼沒來？」

我雖然心裡有些不忍，但還是認為誠實才是對他應有的尊重，便鼓起勇氣對這位恩師說：「很不好意思，我隱瞞了您，沒來，是因為我剛才去面試了。」接著，我告訴他，我有意到外商事務所歷練，並且出國再進修的想法。「如果您同意，我會趕緊幫您找人。」對於我最後所提的建議，張迺良律師並沒有回應。

兩天之後，他把我叫進了辦公室，直接了當地問我，未來新職務的薪資，並且執意要調到一樣的等級。但我並非為了薪水而走，我也再次向恩師解釋，這真的是我人生預定的規畫。

在張迺良法律事務所的最後十五個工作天裡，我介紹了一位學長給事務所。巧合的是，我上訴最高法院的官司也剛好打贏了，並且做好了交接。

在最後的工作日那天，已能接受我離職的張迺良律師，還特地從位在中正紀念堂附近的事務所，大老遠跑到士林中影文化城的餐廳，用美食和歌聲為我送行。我倆的好關係始終未曾間斷。甚至，三年之後，他還為我寫了一封非常關鍵的推薦信，成為我踏入美國哥倫比亞大學法律研究所的第一道曙光！

第八章

出國的力量

進到了國際通商法律事務所，大企業從制度到分工，與本土事務所南轅北轍，讓我開了眼界。然而，才要衝刺的階段，卻面臨了父喪的打擊。完成父親的遺願，成為我出國的最大動力。

在我考上律師那一天，父親無意間透露出他對我出國深造的期待；但沒想到，我卻是在父親過世後，才達成父親的期待。

父親過世時，我才加入國際通商約一年的時間。「要開眼界，更要好好歷練和衝刺！」這句話是我當時的心境。

一九八九年七月一日，我到國際通商報到的第一天，有同事就「提醒」我，事務所裡的八位合夥主持律師，各有特色。美式作風的陸台蘭，深受外商客戶青睞；曾宗廷以日本客戶見長；陳玲玉熟稔國際紛爭的處理；而有國內訴訟專業的蔡詩郎、廖健男則是名聞各法院。其中，業內還為蔡詩郎取了「挫死人」（台語諧音）的稱號，其威力可見一般。

巧的是，到了國際通商後，我就接到蔡詩郎律師交辦的許多案件。所幸，蔡律師所負責的主要仍是本地的案件，對已被張迺良律師「調教」過的我來說，還算可以勝任。儘管辦案的壓力稍小，但我仍維持「早出晚歸」的作息，就算客戶在早上七點打電話到事務所，都一定能找得到我。

而除了蔡詩郎律師之外，事務所只要接到訴訟的案子，負責的合夥律師也多半會找我合作。尤其是寫狀子，我經常是主管倚重的助手，就連陳玲玉律師也曾請我寫過。不過，我並不會一味按自己的方式撰寫，反而會先參考陳玲玉律師先前寫狀子的模式和筆風，從中瞭解她的要求。因而，我的狀子鮮少被改。

然而，正當我在公司愈來愈順遂之際，父親的身體卻每況愈下。一九九〇年六月四日，醫生告訴我，父親疑似罹癌。一時之間，我萬念俱灰，先是想到自己尚未完成父親的期許，出國深造，接著又想到父親曾對家人說：「冀明么兒沒有結婚，不會考慮出國。」

在「要讓父親親眼看到」的力量支撐下，我展開與時間的賽跑，想要急速完成父親的期許。只不過，在那個時候，我與妻子才結識，雖然我們是「以結婚為前提」地在交往，但畢竟相處時間太短，且父親又患有重病，在這種情況下結婚，任誰都會覺得有些委屈。

六、七月間，我雖然每天醫院和事務所兩頭奔波，但心裡仍不時想著該不該向未來的妻子求婚。七月時，我父親出院後，為了讓父親能參與我的結婚大事，我不再猶豫。

八月下旬，我就去求我岳父，請他同意把女兒嫁給我。在我的真心誠意之下，終於取得妻子與岳父母的首肯。高興的我，馬上回到位在中和的家中，親自重新洗刷、油漆一番。十月三十一日，在妻子生日那天，我和父親在煥然如新屋的家，迎接這位張家的新成員。

一九九一年五月三十一日，父親在美國過世。雖然我感到悲痛，但並沒有因此放棄出國，因為這是我對父親、也是對自己的承諾。

只是，第一次的托福考試成績並不理想，我對在美國的哥哥說：「考再爛也要出國。」但哥哥堅持反對說：「申請到不好的學校就不要來！」於是，我便重新準備。

但就在臨近十一月的考試前夕，我的家人希望能將母親的骨灰帶往美國安奉。於是，我趕忙回到嘉義為母親撿骨、燒化，再連夜帶回台北。由於那一天晚上正好托福補習班有課，坐火車北上的我，只好捧著母親的骨灰去上課。

不過，十一月考完托福後，卻沒趕上哈佛等長春藤名校的申請時間，能選擇的就只剩下哥倫比亞、康乃爾大學，其中哥倫比亞大學的申請截止日是在一月十五日，在時間非常急迫之下，我向張迺良律師開口求援。

接到我的電話，知悉我要申請哥倫比亞大學時，張迺良律師非常高興，也很願意為我寫推薦信。原來，張律師是台灣第一代的哥大學生，一直都與學校師長維持連繫，交情頗熟。張律師請我先擬好研究計畫，他再撰寫推薦信。掛上電話後，我為了搶時間，就在外出辦事的公車上寫好了研究計畫，一月十三日將申請資料從台灣快遞寄出，在最後的截止時間內，信件及時送達哥大。

隔了幾個月，一個凌晨的三點，我被電話聲叫醒，原來是美國的哥哥打來說：「哥大錄取你了！」

這一通電話，讓我夫妻兩暫別了台灣和國際通商。十六個月後，一九九三年十一月初，重回工作崗位的我，除了帶回哥大法律碩士的學位、一位可愛的女兒之外，也帶回一顆振翅欲飛的心，只是這一次，我想要的是單飛！

第九章

單飛闖江湖，創業大磨練

做事就是要不怕麻煩。動了創業的念頭，我一路從南台灣飛到北台灣，並在一切都還待努力的情況下，決定要到北京念博士。感謝主！經過三年，取得了一張可在中國實務界通關的「門票」。

一九九五年勞動節這一天，我自己的事務所在炙熱的高雄正式開業。這一刻的我，對未來充滿了雄心與熱情，卻也背負著莫大的負擔和壓力，因為，一切都得靠我自己了！

其實，從哥倫比亞大學念完碩士回國後，我在國際通商又工作了一年半。而受過美國法學教育的洗禮後，我看事情和案子的角度比較活潑了。我不僅感受到自己的轉變，也發現自己想要追求不一樣的工作方式，而且這樣的感覺愈來愈強烈。

於是，在與國際通商的老闆們一再溝通、懇談後，加上我選擇創業的起點是遠在南台灣的高雄，才終於獲得老闆們的一致決議：放行。而我之所以會選擇南下，也是受朋友的鼓吹。但一年之後，我才發現，朋友畫給我的是一個空洞的大餅。

在舉家遷到高雄後，我享受到單飛的接案自由和自主，但同時也面臨了單飛所要付出的代價——「校長兼撞鐘」。

每天早上九點不到，我走進事務所，按下燈鈕的那一刻，就是支出。於是為了開源，我再度踏出辦公室大門，翻攪我腦力的除了出庭，就是如何談到案子、拉進業績。而在南台灣，要當業務，就得在茶、酒、菸、檳榔味中，開發案源。到了晚上，我一坐回辦公室，躺在我桌面上的不只是狀子，還有人員薪資、房租和水電費等帳單。有時忙到半夜三點才回家，但隔天早上九點不到，我仍準時步入辦公室。

就這樣，在每月高達數十萬元的營運資金壓力下，原本專長處理不動產、國際貿易糾紛的我，幾乎無案不接，從兒子狀告殺了爸爸的媽媽、夫妻在子女面前爭監護權、整型失敗、好友詐欺等等，舉凡在報紙社會版出現過的百態，都曾是我的「生意」。

「香港要回歸」、「台灣要廢省」，一九九六年底，這兩件大事幾乎每天都盤踞台灣人的耳目。但在十二月二十四日的耶誕前夕，「前屏東縣長伍澤元被判無期徒刑」、「省議員余慎為舞弊共犯而移送偵辦」等等板橋四汴頭抽水站工程弊案一審判決結果，卻取而代之成為頭條新聞。

不過，這些喧嚷不休的政治紛擾，原本是澆不進我心頭的。當時，律師生涯即將邁入第一個十年的我，仍為著前景不明、透支可期的事業而備感壓力。

但也正因為有這一段被我定位成「闖江湖」的歷練，讓我總算見識到台灣社會的另一種真實樣貌，更接觸到商業以外的人性與是非糾葛，同時也結交到台北圈子以外的朋友和客戶。

「這裡要的是人情、關係，不是法律專業。」我在高雄拚了一年，有了這樣的心得。在無用武之地，也不忍家人辛苦的情況下，我在一九九六年下半年，把事務所和一家人都遷回了台北。

只是沒想到，回到台北後，我最先接到的「生意」，竟是高雄的案子。而這個由高雄朋友轉介的客戶，讓我與驚動整個台灣政壇的「四汴頭工程弊案」扯上了關係。

台北創業尚未成功，兩名子女年紀尚幼，在這樣的辛苦奮鬥期，我又決定要到北京念博士。而且像在進行終極挑戰一般，是飛到中國大陸的北京去念，將自己壓力已近乎滿載的生活，逼向了臨界點。

其實，我會自創這樣的麻煩，除了是長久埋在心中的想法，也是偶遇的刺激。在一九九八年中，我的兄姊難得同到北京，我當然就飛往與他們相聚。上了飛機後，我發現自己的位置坐著一名年輕人，我倆比對了座位號碼，原來是他坐錯了，但我並不介意，反而和他聊起天來，也因而知道這位從事保險業的年輕人正在中國政法大學攻讀博士。

「學校是以政治與法律為主，所以法律招生的需求頗大。」他提供的資訊，讓我眼睛一亮，我想到的並非學歷等表層的考量，而是無論就人脈的建立，還是對專業與市場的瞭解，學校才是發展事業的最佳起點，而且北京更是父親的老家。

雖然我在台灣的創業仍未成功，但眼見許多客戶的事業佈局已跨向中國大陸，市場上必然高度需要熟稔兩岸法律事務，乃至國際商業法律糾紛的專業人才。所以，先到大陸「佈局」並非好高騖遠，而是未雨綢繆的實際規畫。況且我還可以同時享受「家鄉味」，真是一舉兩得。

在飛機上，我和這位年輕人不只交換了心得和資訊，也交換了名片。隔不到一個星期，這位年輕人依約提供了政法大學的招生簡介，更重要的是，還附上一位教授的連絡電話。而這位教授正是中國政法大學研究生院的院長。

原本，我想詢問的是如何準備考試，但這位院長請我直接先就讀，隔年再參加正式考試，考上後，已修讀的學分就可抵免。在院長的指導下，我劍及履及地在八月啟程，展開在課業、事業與家庭之間，兩岸奔波的三年苦日子。但三年之後，我步出中國政法大學校門，走進中國的法律實務界，幾乎全是政法人的天下，我不禁心想：「真的念對了！」

不過，在北京我不只是做學生，還「自找麻煩」地協助一些台商「打假」（查緝仿冒），也藉此開拓了法律與理論的相互印證，拓展了我的眼界。

而最令我難忘的是，我曾經替一家科技廠商，在最受中國政令保護的「矽谷」北京中關村，打贏一場官司。這也讓我深深體認到，中國大陸為了發展，不斷推出新法，儘管不少法律帶有「中國特色」，但還是投入與國際接軌的大趨勢。

有人說，大陸的法律體系就像「鐵達尼號」，文革前建制的法律和法規，在文革期間都沉了；而在改革開放後，全力建造新船的時期裡，大陸政府思索的，無非就是建立一套能與國際接軌，且讓外國投資人安心、大陸民眾也能彼此開展新關係的遊戲規則。

看著大陸一步步的轉變，我對自己與家人的未來計畫，也出現了變化。只是，我的太太和家人恐怕沒想到，在五年之後，我們的「家庭基地」竟整個從台北搬到了北京。

第十章

心法的體悟與提升

作為一名訴訟律師，我體悟出訴訟的三十大心法，並運用在我執業律師所經手的案件中。但當我聽到兩位在事務所實習的律師所說的一句話，心頭一震：「原來我視為理所當然的事，竟然少有人這麼看、這樣做！」

「我從來不知道，訴訟是這麼活潑、有趣。在學校時，從來沒有人這麼教我們！」二〇〇一年，兩位到眾達國際法律事務所實習的年輕律師親口對我這麼說。那一年，我讓他們改觀的關鍵，正是反敗為勝而喧騰一時的馬特拉案。

過去，很少新進的法律人會想當訴訟律師，大部分的律師寧可從事投資、併購、專利等非訟業務，甚至到企業當法務人員。他們覺得這麼做，都要比走訴訟這條路來得好。因此，當我聽到這兩位實習律師的話，當下心中很是震撼。其實，我早已從多年執業中體驗到，許多律師太專注於法條，忽略了具體個案的事實及細節，以致使一般人對法律產生距離感。當一位律師只是死用法條、對所從事的司法實務工作沒有熱情，怎麼肯去做一個案子的大事記表？怎麼有辦法寫出一個如同電影情節般的狀子？又怎麼有把握適時地「嗆」法官，以爭取更有利於當事人的訴訟權益呢？

作為一名訴訟律師，累積過去執業經歷，我體悟出許多心法，並將這些心法運用在我所承辦的案件中，發揮得淋漓盡致，成功完成如馬特拉、友訊、中央貿開，乃至太電等大案。

每當我接到因誤診而敗訴的案子，看到因法官或檢察官不公，或律師辦案未抓到重點……而陷於困境的當事人，甚至接手本已無望但經抽絲剝繭、釜底抽薪最終打贏的官司，我就會心生感觸，也會想起多年前那兩位實習律師的一番話。

訴訟很辛苦，但真的可以這麼活潑有趣；訴訟也可以是一種藝術！我希望所有要為人解決法律問題的律師，以及正面臨法律問題的當事人，都能有這樣的體悟，也都能順利地解決法律問題。

回想過去律師生涯走過截然不同的實務工作，在每一個階段，都有不同的學習及體會，沒有重複。

在啟蒙師父張迺良律師的指導下，我處理到許多不動產與民間百姓的一般社會糾紛；在國際通商時期，我接觸到不少國際貿易的法律問題；自己開業時所經手的案子，幾乎就是媒體「社會版」的實例；加入宏鑑，搭上了台灣科技業成長、西進發展的列車；轉進眾達成為國際合夥人，見識到國際法律事務所的業務與團隊合作的挑戰。接受不同階段的法律實務洗禮後，再以自由律師的身分協助客戶到海外打官司，充實對訴訟的觀點及體悟。

過去十五年間，不時聽聞讀者告知，他們閱讀本書並將學到的內容運用在他們的訴訟中，獲得美好的結果。對此，我備感欣慰，更促使我冷靜面對律師市場開放後的司法實務環境及訴訟糾紛類型的變化，從而補充並完整這套心法的內容。

這三十大心法已經融入我的訴訟實戰操作日常，讓我能快速抓出客戶所遭遇的官司瓶頸或難題，進而提出適切的建議。我希望所有遭受訴訟困擾的當事人，最終都能獲得圓滿的解決。事實上，訴訟不只是戰役，也是藝術，更是實現社會理想的重要基石。

策略篇

訴訟的30大心法

1 訴訟的基本精神～不戰而屈人之兵

「態度決定一切。」一個人選擇以什麼樣的態度面對訴訟，決定了訴訟的結果；同樣地，一位律師以什麼樣的態度接受當事人的委託，也決定了當事人的訴訟命運。當事人與律師所抱持的心態，是訴訟成敗的關鍵之一。

曾經有位上市公司老闆，在面對檢調對公司的大舉搜索、對同仁的相繼訊問，以及他自己終究也必須親上「火線」後，他才承認自己太過輕忽可能的法律問題，在主管機關已有調查的跡象時，他還不覺有什麼需要防備與瞭解。等到自己身處訴訟風暴的中心，才知其威力。

面對訴訟不能意氣用事，而是要「深謀遠慮」。在當事人方面，應正視自己的問題，不論決定為何，都要先做好心理建設；在律師方面，訴訟雖是家常便飯，但對每位當事人的具體個案，仍要將心比心地視為最重要的事，謹慎地面對與處理。

❖訴訟是戰爭

「不戰而屈人之兵」是《孫子兵法》所說的戰爭最高境界。訴訟雖然不是拿刀拿槍的戰爭，不過，它實質上是在法庭中的攻防，最主要還是要取得法院判決的勝利。所以，訴訟在某程度上是與「戰爭」相同。

猶如戰爭不能隨意發動一般，提出訴訟也要審慎思量，如果雙方仍有協談空間，就不要輕言訴訟。因為不論是民事訴訟或刑事訴訟，遭到指控的一方通常無法接受「被告」的事實。

訴訟猶如一把利刃，如果操作不好，不僅傷及對方，也可能會回打到自己，尤其是刑事訴訟，操作不當可能會遭反訴誣告。所以，一旦決定發動訴訟，在未達到目的之前，實不宜任意撤回，否則恐將失去立場。

訴訟一旦展開，就是向對方宣戰，雙方和顏悅色坐下來談的機會就降低不少，甚至不復存在。所以，訴訟開始就要抱著「必戰」的決心，貫徹訴訟計畫。千萬不能一開始就有「且戰且走」，或「與對方講和」的心態，如此才能保持絕對贏的氣勢。

❖訴訟是要求勝

訴訟就是要贏，只是「贏」的字義有不同的解讀。總體而言，訴訟勝利是指在「據理」與「法律」上打倒對方，達到當事人可以接受的範圍，並有效地解決紛爭。訴訟進行是要在可以贏的範圍內，運用各種策略，以達成目的。

訴訟表現出一種態度與氣勢，所以最不好的就是氣勢屈居下風。當陷於低潮時，該如何保持信心，臨危不亂，不致使氣勢潰散，才是訴訟的最大保障。

很多人之所以一敗塗地，就是當低潮來臨時，棄守城池，愈做愈差，終至無法撥雲見日。歷史上有許多故事啟示，唯有在逆境或最低潮時依然不放棄希望，且繼續努力佈局未來，使自己不致再犯錯的人，才是最後成功的人。

在訴訟判決結果確定之前，所有的抉擇與判斷不見得是百分之百正確，所以在訴訟開始前，就要窮盡一切的分析與歸納，瞭解事情最好及最壞的可能結果為何，然後根據這兩極之間的「光譜表」，隨時檢視事件的發展。而所謂「訴訟的勝利」，就是事情的發展與你依據光譜表所做的評估結果相符。

❖訴訟是溝通

訴訟是將是非曲直交與第三人（法官）去判斷，透過訴訟雙方的口頭或書面辯論過程，讓「真相愈辯愈明」。訴訟雙方遵循一定的程序規定，將有利於己的事實，分別陳述給法官聽，其本質就是「三方會談」，只是三方的「桌椅高度不同」而已。

訴訟本質既是溝通，就無須被程序規定束縛了溝通應有的技巧與策略；唯一不同的是，它必須在法院進行。因此，注意對方所言、專心聆聽、正確給予回應等等溝通技巧，都可運用於訴訟中。事實上，談判、協商及訴訟都是溝通，只是形式有所不同而已。訴訟固然是火藥味十足，但只要掌握溝通精神，在訴訟過程中，仍然可以保持良好的雙方互動，並為雙方和解留下美好的契機。畢竟，即使是真正的戰爭，交戰雙方都可以坐下來握手言和，更何況是言語交鋒的訴訟。

因此，保持與法官之間的良好溝通，是取得訴訟勝訴的良方，尤其民事訴訟採「當事人進行主義」，訴訟一方沒有提出的事實與證據，法官是無法「代勞」提出或提醒的；常聽見有人抱怨說，「明明是有理的，怎麼會輸」、「法官是否收錢」等等，歸根究柢，就是沒有做好溝通所致。

❖訴訟是工具

訴訟自古即是「討公道」的手段，所以它只是一種工具。時過境遷，訴訟方式或有變化，但其「工具」的角色並未改變。今日，高科技的專利訴訟，更將此性質發揮得淋漓盡致，更加突顯訴訟的重要性。

過去，人們比較注意訴訟所欲達到的目的，所以不論訴訟時程多久，都不會影響對訴訟結果的期待與關注。而今，網際網路開啟速度的革新，也帶動了高科技產業的市場爭奪戰，加以智慧財產權日漸受到重視，使得人們愈來愈關注訴訟的程序正義，也開始運用不同的訴訟手法。戲法人人會變，巧妙各有不同而已。訴訟既然是工具，訴訟技巧的運用，存乎一心。面對推陳出新的經濟活動，原本的訴訟規則也必須注入新的手段與策略，就好像戰爭手法與策略的更新變化一般。所以在討公道的同時，也必須注意訴訟手法的變化，以達事半功倍之效。

所謂「利之所在，弊亦隨之」，訴訟手法的推陳出新也常遭人濫用，因此真正欲利用訴訟討公道的人，除了要懂得巧妙應用訴訟技巧外，還要能夠思考如何避免陷入「濫訴」的情形。

❖訴訟是過程

訴訟不是目的，而是一套遊戲規則，訴訟雙方只是依循此遊戲規則，藉以取得雙方期待的判決結果。所以，訴訟只是一個過程，訴訟雙方要避免因不知遊戲規則，而阻礙了為自己討回公理的機會；但也不要捨本逐末，過於計較訴訟規則，忘卻了糾紛的實質內容。

但也有謂「遲來的正義，不是正義」，訴訟過程如果拖延太久，縱使最後獲得勝訴，可能也沒有多大意義。如同到醫院看診一般，如果掛號程序拖延太久，影響就診時機，等看到好的醫師時，恐怕已經嗚呼哀哉了。舉凡訴訟提起、訴訟進行、雙方陳述、書類提出及證據資料等等方式，均有一定的規則，如果能符合程序規定，沒有拖延時程，將可取得「及時正義」的效果。

法官是訴訟過程的守護者，但法官也是一般人，有其好惡，遵守訴訟遊戲規則的一方，猶如「聽話的小孩」，必然得到法官的「賞識」，至於是否會因此影響判決的結果，就不得而知了，不過可以確定的是，聽話的小孩，多少是較為得寵的。

「舉證責任之所在，敗訴之所在。」這一句話也說明了訴訟雖然是過程，但有些程序規則是可以善加利用的，能在訴訟雙方實質糾紛還未進行調查，且未進入辯論之前，就先分出勝負。美國足球明星 O.J. Simpson 的殺妻案，即是利用法律訴訟程序的最佳實例。

2 訴訟的正確心態～知人者智，自知者明

「態度決定一切。」一個人選擇以什麼樣的態度面對訴訟，決定了訴訟的結果；同樣地，一位律師以什麼樣的態度接受當事人的委託，也決定了當事人的訴訟命運。當事人與律師所抱持的心態，是訴訟成敗的關鍵之一。

曾經有位上市公司老闆，在面對檢調對公司的大舉搜索、對同仁的相繼訊問，以及他自己終究也必須親上「火線」後，他才承認自己太過輕忽可能的法律問題，在主管機關已有調查的跡象時，他還不覺有什麼需要防備與瞭解。等到自己身處訴訟風暴的中心，才知其威力。

面對訴訟不能意氣用事，而是要「深謀遠慮」。在當事人方面，應正視自己的問題，不論決定為何，都要先做好心理建設；在律師方面，訴訟雖是家常便飯，但對每位當事人的具體個案，仍要將心比心地視為最重要的事，謹慎地面對與處理。

❖當事人心態

面對可能的訴訟糾紛，不論當事人是否有委請律師協助處理，都要做好必要的「心理建設」，切勿因循苟且。由我過去的經驗，建議當事人應該具備以下心態：

勇敢面對

當遇到法律問題而需要以訴訟來解決時，就好比生了重病而去求醫一般，必須瞭解及正視治療程序。此時，愈早做好心理建設，就愈知道如何「控制病情」。「勇敢面對」是第一良方。

瞭解自我

要先知道自己哪裡不舒服、吃過些什麼、做過些什麼，才能幫助醫生瞭解與找出可能病因。同樣地，遇到法律訴訟的人，應該仔細「回顧過去，瞭解自我」，檢討事件發生始末，一方面做好因應的心理準備，另一方面可降低或避免未來「再犯」的可能。

改變習性

醫師常建議病人要改變生活作息，好避免疾病再度復發。發生法律訴訟時，也是因為當事人過去的「習性」讓人「有機可乘」。所以，「改變習性」是解決問題的必要處方。

慎選律師

治療身體病痛時，我們會謹慎選擇醫師。同樣地，處理法律訴訟，治療的是「心病」，更應該慎選律師。如此不僅可以有效治療心病，也可以有效解決法律糾紛，一舉兩得。

實話實說

如果是當事人自己處理法律訴訟，就要坦誠地面對自己的問題，也就是「對自己說實話」；反之，如果決定委請律師處理，對律師「坦白」，讓律師瞭解事情原委，知道如何對症下藥，才是解決問題的關鍵。

充分溝通

自己單獨實施法律訴訟時，或許不用與他人充分溝通，因為一切想法與做法，自己都很清楚；但如果委請律師代為操盤，則充分與律師溝通確有其必要。經由溝通，可以更加瞭解所欲委託的律師特性、操作手法及能力。從積極面來看，這麼做可以掌握案子進行的方向；消極來說，也可以較放心地等待結果。

隨時檢視

如同治療疾病需要定期回診一般，在法律訴訟過程中，也必須定期與律師保持連絡，或要求律師給予定期回報，畢竟，委託處理事務的當事人才是「主人」，而律師只是提供服務的「僕人」。

必要時可撤換律師

在定期追蹤下，如果發現律師處理案件的方式不同於雙方先前的溝通結論，且又無法提供合理的解釋，或不依要求報告進度，則當事人應該在適宜辦理事務轉移的階段，立刻更換律師，不用委屈求全。

許多當事人無法與原先委任的律師溝通時，竟然不知道可以換律師，只好任由律師「完成」委辦的事務，其結果當然可想而知。更換律師時，首先需要考量的是接任的律師可否立刻承接，其次是有什麼資料需要交接，如同病人轉院都得附有先前詳細的病歷一般。

不忘初衷

決定打官司應該是經過深思熟慮的行動，而且知道所欲達到的目的。堅持「初衷」，不僅可以隨時檢視是否已達成目的，也可以提供律師處理事務的空間，有利於完成使命，儘早達到「初衷」。

當然，訴訟進行中，或許想法有所轉變，進而改變了初衷。如果已經沒有必要再繼續打官司，在「不忘初衷」的前提下，可以思索「下台結束」的方法，為雙方營造「雙贏」的局面。

堅持到底

訴訟過程猶如醫療過程，需要時間與耐心。時間拖得愈長，難免心情產生起伏，「堅持到底」是應有的準備與心態。當然，如果客觀環境改變造成訴訟已經沒有價值時，就不必要堅持，而該當機立斷，做出最適合的決定。「有原則」地堅持，需要智慧，當事人不可不慎。

❖律師心態

一位成功的訴訟律師，不是通過律師考試後就能自然形成，而是像沙場武士般，必須不斷在失敗中成長，在訴訟中磨練，在困頓中求勝。經過多年淬鍊，才能造就臨危不亂、承擔壓力、保持鎮定、堅持到底的氣度。面對當事人的求救，律師應具備以下心態：

為人作嫁

律師是為當事人處理法律事務的「專業技工」，是「僕人」的角色，不是「主人」的地位。沒有當事人的法律問題，就沒有律師存在的必要。所以，律師只是「為人作嫁」，不可「反客為主」。

放棄本位

法律事務所不像醫院那樣，可以透過許多醫療設備來檢驗病人的症狀，以輔助醫生做出正確的診斷。相反地，正因為沒有其他輔助工具，律師在瞭解當事人的事實時，就必須「放棄本位」，客觀地把自己放在傾聽者的角色上，專心注意聽當事人所描述的每一個細節。

掌握目的

掌握當事人欲進行訴訟的真實目的，是律師完成始命的基礎，也是律師決定是否接受委任的主要理由。當然，有時當事人的目的為何，他自己可能尚不清楚，也可能有意隱瞞，更可能口是心非，律師不可不慎，以免遭有心之人利用。

發現真實

如同醫師下藥前，必須「對症」，以正確治療病情。律師在做出法律分析及提供法律良方前，也必須做好法律「對症」，以免誤診，浪費時間和金錢，甚至擴延問題，得不償失。

當事人或許不一定能清楚回顧或描述所有發生過的事情，甚至有時會掩飾缺失，或故意遺忘不利於己的部分。所以律師除了要和醫師一樣，耐心地聽完當事人的描述，更要運用所具備的專業知識，引導當事人講出問題背後的真相。

慎思角度

每個當事人的個性都不同，對每一件事物的看法或反應也有所不同，在陳述事情時，也就會因人而異。律師在聆聽當事人述說問題時，同時也要用自己的「經驗法則」，冷靜推敲當事人所言，是否合乎人情之常。

其次，每件事物都有不同的觀察角度，背後看似長髮飄逸的女子，正面看可能是個男子。所以，在取得相關資訊後，律師應慎思「出招」的角度，以掌握案件的中心主軸，此「固本」做法是訴訟的高難度之處。

法律舵手

律師也猶如領航員一般，以法律專業，領導當事人在法律訴訟中走出一條生路。在法律的專業中，律師必須提醒當事人何處有「漩渦」或「暗礁」，千萬不能像鐵達尼號的船長一樣，為了寫下其個人的事業紀錄，快速前進，造成不可收拾的後果。

「律師啊，都讓你負責啦，你講怎樣就怎樣。」聽到當事人這麼說，律師通常會一則以喜，一則以憂。喜的是當事人信賴你的掌舵，憂的是必須承擔成敗後果，箇中壓力，如人飲水，冷暖自知。

有所堅持

訴訟過程也猶如醫師開刀的過程一樣，當事人難免擔心害怕或無法承擔壓力，也可能因為不理解法律，做出不合理的要求或處理。此時，律師必須有所堅持，不能受當事人的「信心危機」所影響。

當然，盲目的堅持反而會不利於訴訟的發展與進行。所以，如何做到有原則的堅持，考驗著律師的智慧與能力。充分的溝通、瞭解當事人的真正所需，乃是最好的解決方法。

心理醫師

律師有時是醫治當事人「心病」的法律醫師。其實，每位當事人的問題背後，都是一個生命故事，這些活生生的故事，往往可以作為律師的人生啟示。所以，適時地付出關心，也是律師工作的一部分。

3 訴訟的中心主軸～立基事實，而非法律

萬事均有其核心價值，面對訴訟時，不必急於解析法律條文或法律規定，而是要先掌握「訴訟糾紛之本」：事實的全貌。

有位上市公司的法務同仁急忙前來找我，因為他公司有件與銀行之間的訴訟，似乎已經出現敗訴的跡象，所以他來尋求我的協助。當我看完所有的卷宗後，發現他們似乎沒有打到對方的弱點。

原來，銀行假藉取得第三人對該公司的「債權轉讓」名義，向該公司追討金錢，而該公司只是單純地否認有收到債權讓與的「通知」。不過，我研讀相關文件之後，發現銀行與第三人間並無「債權轉讓」的約定。事實上，銀行為達到給予該第三人貸款融資的目的，乃掛「債權轉讓合約」的羊頭，企圖賣「融資貸款」的狗肉，藉以達到銀行放款的生意目的。此做法是讓這上市公司實質上為該第三人承擔「保證債務」的法律風險，更潛在性地違反了公司法所定「公司不可為他人作保」的規定。這樣直接打擊對方弱點，是立基於事實的分析，而非法律。

❖君子務本

「君子務本，本立而道生。」當事人往往在問題糾紛之始，忘記了糾紛的真正癥結，反而在旁枝的事物上空轉，延誤時機。猶如醫師要瞭解病史才能對症下藥一般，當事人遇到法律糾紛時，必須回顧過去的種種事端，建立「事件大事記」，才方便掌握事件全貌。

通常當事人都不願意回憶不快樂的過去，只是急於找到一位可靠的律師，作為其法律問題的醫師。但「心病難醫」，面對律師，當事人常抱怨多於陳述事實，以致律師無法掌握故事真相。此時，律師的專業帶領即有其必要。

台灣屬大陸法系，律師所接受的養成教育，太過強調法條的結構與法律關係，使律師辦案常不經意地以這樣的思考邏輯，捨當事人的「事實」不查，片段切割當事人的說詞，直接套用在自己所學的法律框架中，如此不僅捨本逐末，也不符當事人的期待。

事實上，律師若能回歸「根本之道」，仔細聆聽當事人陳述的事實，鉅細靡遺地思索問題癥結，找出案件最重要的根本，結果就會水到渠成。

❖立基事實，而非法律

許多律師在處理案件時，所引用的法律都相當精確，但就事實的掌握卻常失之精準。事實上，沒有當事人的「事實」，法律只是一個空泛的理論，也是沒有主角的遊戲規則。尤其，法官和檢察官均熟知法律，如果律師沒能將當事人的「事實」說明清楚，又如何期待法官或檢察官能掌握全局，做出公正的裁決。

醫療講求對症下藥，法律問題也需要對症下藥。所謂「症」，就是問題的核心，即是以事實為基礎。無法瞭解事情真相，就無法找到真正症狀，也無法瞭解問題的核心，更無法找到完善的解決方法。當發現問題的癥結時，解決問題的方式也常隨之而來。

要如何掌握事實？首先，律師在接受當事人的委任時，必須以旁觀者的角度提出疑問，並以所謂「經驗法則」及「事理之常」，判斷當事人所說的內容。其次，針對當事人所說的答案，律師必須以「不疑處有疑」的態度，繼續追問，並深入瞭解答案背後的理由，如此反覆論證，很快就能掌握案件事實的核心價值。

《商業周刊》第八百九十六期的封面故事「根本哲學」，寫到日本動畫大師宮崎駿創作的故事，內容寫道：「集普立二十年來成功的關鍵只有一個，就是以鉅細靡遺的態度做出最高品質的作品」、「集普立作品創作的本質來自於生命」及「宮崎駿藉由自己的人生經驗、敏銳纖細的個性，把『對人類的關心』當成是作品最重要的精神」。同樣地，律師也應以「對人的關心」，來處理所承辦的案子。

處理任何訴訟事件，必須還原事實，尤其是真相。只有清楚掌握事實真相，才能達成當事人的目的；也唯有充分掌握事實原委，法律的適用才能「水到渠成」。而提供正確事實給法官或檢察官，方能使他們瞭解案件真相，做出正確的判決。

❖掌握事實全貌

大家都聽過「瞎子摸象」的故事，因為瞎子沒看過大象的全貌，所以無論他如何努力地摸索，都無法說出大象正確的模樣。同樣地，當事人在面對法律糾紛事件時，或因心情不定，或因為偏見，無法客觀冷靜地面對，致真相無法大白。

處理法律糾紛就好像醫師看診一般，在未查知所有的病因之前，任何醫療行為都可能失之偏頗，輕則引發其他病變，重則損及生命。因此，在尚未理解事件全貌之前，實不宜冒進，或採取任何法律訴訟。

另外，法律的適用必須立基於事實，所以事實的改變將會影響法律的適用，比如說，使用房地是否有付錢，對於合約的解讀會有不同的結果，有付錢的應是租賃合約，沒付錢的則是借貸。如果當事人無法理解法律規定的差異，宜請教法律專業，以免失之毫釐，差之千里。

當掌握事實全貌後，當事人即可選擇性地說出對自己有利的部分，同時對方也會挑選有利於己的陳述，這就是訴訟的精神。而理論上，法官或檢察官即透過雙方的說詞，得知「大象」的全貌，進而做出其認為最適切的判決。

❖勿急於用「法」

法律訴訟固然是戰爭，但不是雙方比「法」，而是雙方將「事實真相」說清楚後，比看誰的「說法」較合乎人情之常及經驗法則。所以，一旦遭遇法律糾紛時，不要受制於法律的規定，急著想適用法律。

同樣地，律師、法官與檢察官雖是法律專業，但如果沒有當事人的事實為基礎，法律也是英雄無用武之地。因此，律師不可捨本逐末，捨事實真相不查，只顧適用法律，如此絕對無法完成當事人所託付的重任。

也因為如此，當律師接受當事人的委託時，應藉所具備的法律常識，及所掌握的訴訟遊戲規則，發現事實真相，思索如何清楚地呈現當事人的冤屈，並協助當事人更瞭解自身所處的立場。同時，當事人也應以此標準，審視所欲委請的律師，是否具備此專業，以免所託非人。

無論處理的是公司事務或是訴訟案件，都要先瞭解我方當事人的事實，以及對方掌握了哪些事實。訴訟中必須注意的事實很多，在清楚每一個人的看法角度之前，不宜急於「用法」。

4 訴訟的勝負難定～勝而不驕，約而不忿

曾有位當事人家財萬貫，但因某親戚欠下鉅額債務，使他遭到波及，被所謂「黑道人士」恐嚇，要他還錢。他的家人也遭不明人士騷擾，安全受到威脅。他向警察機關提出告訴，並請求警察機關給予必要的安全維護。

由於警方善盡保護之責，使他與家人的安全較無顧慮，對方也因此無法得逞，此時他先前向警方提出的刑事告訴移轉到檢察機關偵辦。「是否要繼續追訴」成為他面臨到的重要抉擇，我也因此與他長談，由不同的角度，反覆推敲「撤」與「不撤」的利弊得失。最後，他選擇了不再繼續追訴。而當他依檢方指示出庭時，才從檢方口中得悉，對方出庭時竟完全承認所作所為，這訴訟可說已勝券在握。但這位當事人仍決定不再追訴，因為他不願再挑起另一次的風波。

訴訟必有輸贏，但輸贏的內容，因人、因時而不同。所以，在決定是否興訟之前，要想清楚自己到底要什麼，清楚訴訟目的後，訴訟手法也可因此決定。

❖符合當事人期待

世間事沒有絕對的輸贏，訴訟勝負取決於是否符合當事人的期待。一般而言，當事人提起訴訟，主要目的仍是取得勝訴，但各人的期待則不盡相同。

律師不應該單純地認為是自己在幫當事人，更應該要感謝當事人把案子委託給你。當然，律師並非全能，在接受當事人的委託時，必須問自己收取當事人的錢，是否會盡力完成當事人的期待？如果無法滿足，就必須誠實告知，以免誤了當事人的大事。

固然，對律師來說，有些案子先天就贏不了，但提供充分的法律分析，讓當事人可以掌握案件全貌，最後即使是敗訴了，仍可能符合當事人的期待，不見得就是輸。例如，原本勝訴的機率只有百分之二十，結果能拉到百分之六十，也算是成功。好比一位罹患絕症的病人，他並不期待醫生能夠完全治癒他，有時若能延長生命，對患者就是一件美事。

訴訟結果未必可以全然掌握，且訴訟勝負是一個機率範疇，不全然操之在己，只要不忘初衷地依照當事人的期待進行，結果也就相去不遠了。

❖當事人期待什麼

當事人的期待是什麼，有時他們自己也不盡然清楚。曾經有位電子上市公司的老闆，為了一件專利糾紛，找上我認識的一位律師。這位老闆說得口沫橫飛，而律師仔細聽完後，列出打這官司的可能目的，多達十五種之多，以確認這位老闆的真正需要，然後再據以分析及提供方法。最後，這位老闆也才慢慢瞭解自己真正要的是什麼。

通常民事訴訟的當事人不外乎要錢（取回價款、損害金）、拖時間（以時間換取利益），或要面子（爭口氣）；刑事訴訟告訴人則是要「給教訓」、「爭正義」，而刑事被告則是爭無罪、減刑期、拖時間，或保障訴訟過程的程序權利等等，不一而足。

所以，如何判定勝負？簡言之，只要達到當事人的期待，甚至是超過期待的多數利益，就是贏。我過去承辦一件對方以刑事訴訟為手段，追訴高科技的上市公司老闆，希望藉此取得高額賠償金。受制於公司的形象，那位老闆曾考慮給錢了事，但為了避免群起效尤，我乃建議將官司時間拉長，讓法官在調查過程中，充分理解我方所受冤屈，及對方的真實目的，而在對方提起訴訟的一年半後，官司仍無任何進展，最後對方只好撤回自訴。

❖法律分析

「徒法不足以自行。」法律是一門實踐的學科，不是關起門來，高談闊論的空中樓閣。不管法律的規定是「黑貓、白貓」，對當事人而言，遇到法律糾紛時，只要會抓老鼠而能解決問題的，都是「好貓」、「好法律」。因此，在瞭解當事人的期待時，必須同時給予全面的法律分析。

法律是一個遊戲規則，遇到法律問題時，好比身處在陌生城市，不知何去何從，此時，如果有一張清楚的法律地圖，指引方向，就可以進退有據，從容應付。當事人可以自行搜尋，瞭解法律地圖，也可以尋求律師的協助。清楚的法律分析，就是在密密麻麻的地圖中，提供有用的指南針，導引當事人走正確的方向。

法律問題的分析與解決，並不是「○」與「一」的兩點遊戲，而是充滿許多智慧的抉擇。正確完整的法律分析，可使當事人完全瞭解身處的地點，更可使當事人知道行走的方向。因此，律師的法律分析必須經過審慎的評估，不可永遠以負面角度去評估當事人的問題，且必須禁得起當事人所有問題的挑戰。

當然，法律有時而窮，當事人的問題並不是都有圓滿的法律解決方案，但對於問題必須充分掌握，不可有意迴避，否則就好比明知身體有病，而不願意正視一樣。對某些棘手的關鍵問題，利用時間，拖延處理，或許也是一個處理方式。

❖充分溝通

事情要圓滿，必須有「天時、地利、人和」的相互配合。同樣地，訴訟發動與問題解決，當事人常必須與他人配合或並肩作戰，因此充分溝通，取得一致看法，是訴訟戰爭的必要準備工作。

如果當事人是委託律師打官司，由於律師是當事人的訴訟「打手」，兩者之間更應充分溝通，使雙方「資訊一致」、「手法一致」及「目的一致」。尤其，當事人的期待通常是「訴訟的目的」，立基於此，才能思索出最好的「訴訟手段」。

當然，律師不能代替當事人選擇，所以，充分溝通，使當事人瞭解訴訟可能的發展，律師才能取得最大的操作空間。畢竟，當事人才是事件成敗的最終承擔者。

經過充分溝通，瞭解當事人的期待後，律師可循序地加入專業意見，讓當事人從不同的角度來看待案件，如此不僅可建立與當事人之間的信任，也或許當事人能夠據此提供更多的內容。也許，當事人最後可能會覺得案子根本就不用告了。

充分溝通是當事人與律師相互的權利與義務。當事人有權要求律師提出充分的法律分析，藉以理解律師是否「適任」；律師在充分溝通後，也可以瞭解當事人的「理念」是否與自己相符，是否值得為其操作法律事務。有些當事人不贊同律師的操作，竟不敢撤換律師，是不正確的觀念與做法。

❖敗訴的心理建設

敗訴就是當事人的目的無法達到。訴訟不幸落敗必有徵兆，一旦感覺「敗相已出」，應該要思考如何降低損失。民事上，可以尋求與對方和解，不要硬撐到全面敗訴，否則不僅須割地，還得賠款。刑事方面，也可考慮與對方和解，則告訴人可以獲得些許金錢補償，被告也可以取得法院量刑上的酌減，以降低刑期。

當然，當事人的訴訟目的，也可能隨著訴訟進行而有所變更，則如何評估是否敗訴，也必須相當審慎。只要覺得訴訟不是朝對我方有利的情勢發展，就要有敗訴的風險準備，千萬不可有「鴕鳥心態」。

如果無法在訴訟過程中，評估判決結果是否對己方有利時，宜盡可能地將訴訟戰線拉長，以時間換取空間，期能在多次的交手過程中，取得可以評估的必要資料。從而就可以先行做好心理建設與準備，並尋求其他可能的解決方式。

5 訴訟的徵兆跡象～多一分注意，少一分風險

我不喜歡生病，尤其雙親病逝的痛苦，讓我更加重視身體健康。回想過去，常因工作忙碌、壓力過大，勞累而惹病上身。等到身體不堪負荷時，只好被迫放下手邊工作，專心養病，才能接續走更長遠的路。

每當聽取當事人述說著糾紛原委，我總會在他們的故事中抓到幾個重要轉折，這些轉折點就是問題惡化到要打官司的關鍵；而我也常打斷他們，請問他們若時光能倒流，是否會採取行動，以避免這場訴訟。我的用意是要協助他們反思糾紛的過往，才能正確理解糾紛的「病症」，對症後才能下藥。

訴訟不可能突然發生，面對糾紛必須有病識感，如同感冒咳嗽時要警覺處理，以免惡化成肺炎。「千金難買早知道」，身陷訴訟泥沼的人必有此感慨！糾紛出現的當下，若能夠多付出一點關心，往往就不致走上訴訟之路。

《聖經》上說人類始祖因魔鬼引誘，使我們與生具有魔鬼的因子：會說謊、嫉妒、貪心、仇恨等等。人心隔肚皮，與朋友、客戶、工作夥伴的互動往來，即使有法律作為遊戲規則，也未必能防堵爾虞我詐的紛爭，訴訟隨時可能會發生。

❖評估訴訟的機會成本

訴訟是一種戰爭，是否投入戰爭，是利益的權衡，沒有好壞對錯之分。選擇打官司通常是把焦點擺在對方的錯誤，不甘心自己蒙受損失或傷害。但是，如果訴訟成本超過你的不甘心時，或許就不該輕言訴訟。

究竟打官司要付出哪些成本？除了必須瞭解相關法律規定，最重要的是準備好訴訟的心，因為當訴訟展開後，與對方的言詞或書面交鋒、彼此攻擊在所難免，而且還要整理糾紛事實，備妥相關證據資料，思考訴訟策略，更須準備一筆可觀的金錢，猶如戰爭必須先備好糧草。

如果無法支付這些訴訟成本，放下訴訟的念頭就成為必然的選項。不過，一旦選擇放下，就表示失去透過打官司獲勝的機會。夜深人靜時，難免會有後悔之感，這樣的心情起伏，甚至可能大於真實訴訟所帶來的情緒波折。

為了避免陷入這種兩難抉擇，如果能在日常生活中注意訴訟的可能徵兆，就能防範於未然。尤其，訴訟是將自己的事情交給第三人（法官）裁決，想想你願意將自己的命運交由第三人決定嗎？如同預防醫學是為了預防疾病，如果能在生活中建立預防法學，就可以避免走上訴訟之路。

❖抓住紛爭的轉折點

訴訟就是要在法官面前重現雙方當事人過往的糾紛事實，這中間必定有雙方從和睦轉入紛爭的「轉折點」，也就是雙方產生誤會或溝通不良的開端。如果能及時發現轉折點，消除或降低轉折點的傷害，就能化解可能的訴訟紛爭。抓住轉折點不外乎從人情之常或法律規定入手。

什麼是人情之常？就是大多數人的習慣或通常的反應，例如：你與朋友之間有金錢借貸關係，朋友沒有依照約定或慣例償還時，你就應該提高警覺，或側面瞭解對方改變習慣的原因，倘若他是生病而無法按時付款，應屬人情之常；反之，如果沒有合理原因，就該警覺地尋求因應之道。

其次，如果你瞭解法律規定，可經由法律所定的遊戲規則，判斷對方的行為有無超越法律界線。例如：妻子面臨丈夫因外遇而提出的離婚要求時，若她知道離婚必須雙方一同辦妥離婚登記才生效，她便可要求先生先履行約定的離婚條件後，再一同前往戶政事務所辦理登記。

我曾遇過一個真實案例，當事人在先生提出離婚要求時，詢問我的法律意見，然而她並未聽從我的建議，先依法律保障自己的權益，反而聽信先生的巧言，簽訂了載明「財產一人一半」的離婚協議書，之後甚至配合對方辦妥離婚登記。

等到辦妥登記，她才擔心前夫不願意依照協議書履行，於是又來電尋求我的協助，但她任由紛爭轉折點持續擴大與惡化，顯然已迫使自己走上訴訟之路。尤其，他們的離婚協議書上並沒有載明財產總額，這條訴訟之路還要先證明財產總額究竟有多少，法官才能判定「一人一半」的金額。如果她在對方提出離婚請求時，先要求變現所有夫妻財產，並取得一半財產款項後，才配合前往辦理離婚登記，就能避免這場無謂的民事訴訟。

親屬關係也常因溝通不良或芝麻小問題而產生紛爭轉折點。尤其，兄弟姊妹之間的糾紛，常因父母的不公平對待或因彼此配偶之間存在嫌隙，而產生紛爭轉折點。日前媒體報導英國戴安娜王妃的兩個兒子發生爭執，即為一例。因此，若要維持親屬間的和睦，父母必須公平對待兒女，手足更需注意妯娌或連襟之間的互動。

❖化解紛爭永遠不嫌晚

身體病痛無論惡化到何種地步，只要生命尚未結束，都有挽救的希望；同樣地，只要在訴訟尚未展開之前，都不要放棄化解紛爭的努力；即使走上訴訟之路，只要在判決還沒確定之前，也可盡力化解紛爭。紛爭或訴訟未到化解無望之前，絕不輕言放棄。

事實上，紛爭不幸演變成訴訟，除了有上述的轉折點，也常存在「公說公有理，婆說婆有理」，彼此認知不同的灰色地帶。化解紛爭轉折點與避免凸顯灰色地帶的問題同樣重要，如果不能及時化解紛爭轉折點，就要抓住灰色地帶的問題，瞭解雙方都可能有錯，只是錯的程度不同。

訴訟就是將這個灰色地帶交由第三者決定，但是第三者會比你更清楚真相嗎？灰色地帶是訴訟雙方攻防最為激烈之處，甚至會被用放大鏡加以檢視，你真能接受法官最終認定的是非對錯嗎？你能承擔己方錯誤程度較大的結果嗎？

直接溝通、透過第三者斡旋、評估雙方立場並提醒對方勿得寸進尺、減少雙方之間的模糊空間等等，都是避免凸顯灰色地帶的方法。請記住，與其任由紛爭惡化而選擇走入訴訟，並將灰色地帶交由第三人決定是非，不如在訴訟之前，多付出一分努力化解紛爭，防止可能的訴訟。

6 訴訟的三角關係～知己知彼，將心比心

有位當事人曾經是我所代表案件中的被告那方。當我代表當事人打完與他之間的專利官司後，他竟然找上了我，想委託我為他辦理其他的專利糾紛案件，但我最終仍未接受他的委任，因為我無法由他所述的事情原委中，找出他遭受何種「冤屈」。

不過，在他前來造訪時，我與他交換心得，才知道因為我過去代表當事人與他進行的十件專利訴訟中，他最後感受到我已經掌握到他真正的意圖與罩門，所以選擇與我的當事人全面和解。因為我的處理手法，促使他想委任我，為他處理其他的專利糾紛事件。

訴訟既是戰爭，要能「知己知彼」，才能「百戰百勝」。瞭解自己及對方的優缺點，才能掌握訴訟戰局。所謂「知彼」，顧名思義，就是站在對方的角度，瞭解他的想法；而「知己」就是要瞭解自己到底知道多少事實，以及掌握了多少有利的資訊。

❖以當事人的立場為主

理論上，當事人是最瞭解自己的人，但是所謂「當局者迷」，當事人有時因為身在問題中，反而不知道自己面對的是什麼、想要的是什麼。但是，可以確定的是，當事人一旦發現有傾吐的對象，可能會毫無保留地訴苦，以解心中之悶。這時就是律師做好「知己」工作的時候。

如果律師正好是當事人可以傾吐的對象，而律師又能做到「將心比心」，盡量站在當事人的角度思考，就不會忽略掉問題的所有細節；同時，由當事人所述的問題背景與事件發生的原委中，律師也可以瞭解當事人的個性，或對造的個性，如此更能掌握人性，有助於問題的解決。

律師具備法律專業，但要盡量避免以自己的法律專業認知，對當事人的陳述妄下斷語，或片段切割事實。「將心比心」的做法，可盡量減少上述錯誤。

對於當事人所說的內容，律師並非照單全收，應該根據「經驗法則」及「事理之常」，予以檢視，以查驗其說法的真實性。如果不合常情，就再輔以「為什麼」的問題，要求當事人解釋。如此反覆操作，即可掌握當事人的特性，瞭解其心境。

❖以對方的立場為主

所謂「一個巴掌拍不響」，訴訟對造的行為與做法是造成法律糾紛的主要原因之一。如果能掌握對方的想法與特性，即能有效地「對症下藥」，此即所謂的「知彼」。當然，要瞭解我方當事人，可以藉由充分的溝通來達成，但要如何瞭解對方，可是訴訟的一大學問，也是成敗的關鍵之一。透過與當事人的討論，可以多少猜測對方的想法與做法；在訴訟戰場上的交手，也是評估判斷的機會。

「觀其言，聽其行」，固然是瞭解人的方法之一，但「觀其眸子，人焉廋哉」，更是積極理解對方的方法。在與對方交戰的過程中，可以善用每一次的「交手機會」，畢竟，法律訴訟戰爭不是一蹴可幾，在取得對方的任何資訊後，都可以隨時調整策略。此外，千萬不可忘記，在瞭解對方的同時，對方也在瞭解你，而且對方可能使出欺敵手法，不可不慎。

❖以法官（檢察官）的立場為主

訴訟必須在法院實施，法官是仲裁者，也是程序進行的守護者。愈瞭解法官（檢察官）的想法，愈能投其所好，對訴訟的結果只有好處，沒有壞處。所以，瞭解法官（檢察官）的心思是重要的，以順其要求而行。許多當事人喜好委請法官（檢察官）退下執業的律師，多是基此考量。當然，法官也是一般人，觀察其指揮訴訟進行的方法，多少也可以瞭解他們的想法。而利用上述方法，觀其言、觀其行、觀其眸子，可以更進一步瞭解他們的思考邏輯，進而修正訴訟操作手法。

❖必要反制與投其所好

將心比心後，就能夠盡可能地瞭解對方以及法官（檢察官）的優缺點，甚至是所謂的「罩門」。不論是「吃軟不吃硬」、「吃硬不吃軟」或「軟硬均不吃」，都可以取得因應對策。如此做，在訴訟上也可以取得主動地位，給予必要反制；抑或投其所好，軟化其心，爭取談判的最大空間，以快速解決紛爭。無論手段為何，切記！絕對不要讓對方「狗急跳牆」，以免遭到不必要的回馬槍。

如果無法瞭解辦案法官（檢察官）的心境時，可以就法官（檢察官）的職務特性做一通盤理解，也就是說，身為法官（檢察官）有職責的限制與要求，可由此出發，要求法官（檢察官）履行一定的法律義務，以增加其辦案壓力。

7 訴訟主角的地位～言者異，則人心變

有位當事人不滿與其合作的人侵吞公司的財產，要求我向對方提出刑事告訴。但當告訴提出後，他竟百般焦慮，認為自己會遭受不利。按理說，只要原告所提的事實有所憑據，原告是等待「收成」的人，只要步步為營地「出招」，並無其他法律風險。對於這位當事人的反應，我知道他是不瞭解訴訟，也未掌握「原告」的特性。

當然，被告的心情與原告有如「天壤之別」。在過去的二十年中，我「有幸」曾擔任三次的被告，都是因訴訟對方不滿我為當事人的操作，所做出的情緒反應。我雖然都無需出庭，卻能體會「被告的心情」。由於有此經驗，我不會輕易發動訴訟戰爭，且也寧願當被告的律師，為人防禦。

訴訟雙方各有盤算，也各有立場。在訴訟戰場中，不同時間點，有不同的地位。訴訟之始，是原告與被告地位；但一審判決且上訴後，即形成上訴人與被上訴人地位。在不同的位置上，即有不同的角色定位。

❖原告地位

原告是訴訟發起方，其角色定位，決定訴訟方向與內容。

發動戰爭者

原告是訴訟戰爭的發動者，在民事訴訟及行政訴訟中，告人者是「原告」；在刑事訴訟裡，告人者稱「告訴人或自訴人」。

原告主動提出訴訟，應瞭解自己最強的主張與主軸，除了必須隨時維護主張及主軸外，更得同時阻擋對方所提的攻擊防禦，以防止案件開花。

其次，原告對自己的主軸，必須有一個前後邏輯相符的故事主張，絕對不可有前後主張相互矛盾的情形，否則很容易遭被告趁虛而入，而被攻破。

含冤受苦者

將心比心，沒有人會任意提起訴訟，掀起不必要的戰爭。因此，原告應慎思「出場」的角色，可能是受到損失或受委屈，而必須藉由法律手段，來主張自己的權利。

角色定位決定了原告在訴訟上的攻防主軸。原則上，原告自訴訟之始，即應維持其「出場角色」，直到訴訟終結，除非訴訟中有其他變化，不得不變更，進而改變陳述內容。

既是含冤，陳述語詞依含冤程度有所區別，且不宜過於情緒用語，適時抒發後，應回歸訴求主軸，表明自己的故事。

掌握主動者

理論上，原告應採主動攻勢，且應突顯最受冤屈的部分，期使法院或檢察官瞭解，同時原告亦必須守護自己的「受冤立場」。

所謂主動，就是原告對於訴訟案情的發展與細節，絕不能讓被告牽著鼻子走。常理上，被告必定會否認原告受冤，且可能顧左右而言他。因此，原告必須盡可能將案情發展拉回主軸。

如何守住原告主軸，得依具體個案操作。萬一不幸遭被告突破時，宜「因勢導回」，在最短的時間內，說明被告主張無理，不宜「急於撇清」，以免令法官起疑。

不可忘初衷

原告是先「畫圖」的人，對圖畫所欲表現的主要內容，不僅要清楚，而且要不偏離主軸。訴訟過程中，難免必須再塗些色彩，但絕不要忘卻所欲表達的內涵。

原告的請求是立基於「受冤屈」，而欲求平反，所請求的內容不僅應合法，且宜合情合理，更要不時強調原初的圖畫架構，以加深印象。

不忘初衷可宣示立場堅定、訴求明確，同時可隨時檢視訴訟方向，決定是否停戰，畢竟，解鈴尚需繫鈴人，原告既是戰爭發動者，法官常會詢問原告是否要結束戰爭。

❖被告地位

被告的角色恰與原告對立，被告如何接招，影響訴訟結果；被告的角色定位，也決定了所採取的行動，宜謀定而後動。

被攻擊的人

顧名思義，被告在訴訟中處於「被動」地位。雖然如此，「主動掌握戰局，就有勝利的可能」。作為被告，自然要對原告的主張提出防禦，而其防禦手段千變萬化，有許多操作選擇。雖被攻擊，但未必會輸。有時官司拖上時間，就是贏；有時對方起訴被駁回，也叫贏。有時讓原告舉證困難，也會贏。種種手法都可以靈活運用。

戰爭中，被攻擊的人可能會「措手不及」，也可能會「有恃無恐」。訴訟戰爭中常有跡可尋，被告應隨時警覺，並先做準備，才能爭取主動地位。

定位與出招

被告一方面處於被動的地位，另一方面也處於被醜化的地位。在瞭解原告攻擊角度後，被告於出招前，宜思考應戰定位。

所謂「師出有名」，不僅原告必須做此考量，被告也需要思考這一點，期能在法官面前，平衡雙方立場。同時，主軸確立，陳述方向自然形成。

再者，如同原告需要隨時檢視其初衷，被告也要確立「定位」及「主軸」，並隨時檢視。如此，即使遭到攻擊，也能化被動為主動，爭取訴訟戰場的控制權。

防守與反攻

遭攻擊，勢必防守。被告宜先就原告訴訟的攻擊之點，予以回應，先求固守城池，以保不敗。

「必要的攻擊，是最佳的防禦。」被告在站穩腳步後，可以思考是否反攻。反攻方法多樣，可另闢戰場，提出其他爭點，也可以正面回擊，提出先位爭點。

攻擊與防守，有時常是一體兩面，任何不利原告之點，被告都可以考慮提出，以期使原告原先的主軸失焦，由被告主導戰場。

擴大訴求面

「模糊原告主軸，雞蛋裡挑骨頭。」這是訴訟被告攻擊防御的主要原則。簡言之，就是盡量擴大對原告主張的質疑，只要有一點關聯，就盡量擴大渲染，像針一般地戳破原告的故事。

對原告所提的爭點，可以極盡說理手段，從每個角度引申，呈現原告主張的矛盾。這麼做不需要客觀、完美的說法，只要片面合理，且每個主張都清楚表達。

不論是回應原告主張的防守，或提出新爭點的攻擊，只要留下可戮原告的「針」，使其有芒刺在背之感，且使法官產生合理的懷疑，就是好的策略。

❖上訴人地位

上訴人與原告及被告的角色不同，不論原來的角色是原告或被告，只要是對下級審法院的判決不服，原告或被告都可以提出上訴。而在上訴審中，上訴人必須是採取主動攻勢者，且須有更強的戰鬥意志。

不滿判決者

顧名思義，上訴人是不服法院的判決而提出上訴的人。此時，上訴人雖仍是列對方為訴訟的「對造」，但其主要是針對法院的判決，要求上級審法院將下級審法院的判決廢棄或撤銷。所以，上訴人不僅須與對方繼續作戰，更增加了一位潛在的敵人，即是下級審法院。

因此，上訴人的上訴內容，除繼續維持打擊對方的攻勢外，主要還需要對下級審法院的判決，予以無情地反擊。所以，上訴人的上訴角度，除維持原來的訴訟事實主張外，對於下級審法院的判決理由，也必須針對事實認定及法律適用等兩方面，提出原判決的錯誤之處。

無法說服法官者

上訴人無論是原告或是被告，其原來在下級審法院所主張的內容，顯然不被該法院所認同，也就是其原來的主張已不被接受，甚且無法說服下級審法官。此時，上訴人必須先自我檢討，仔細閱讀下級審法院的判決內容，期能瞭解該法院不採信的原因，以思考是否修正原來的主張。

上訴人不僅必須修正原來的主張，且須加強批判下級審法院的判決。如果是事實部分說明不清，致法院不相信其主張，則上訴人宜考慮另提出更精細的事實陳述及證據資料，以期說服上級審法院予以改判；反之，如果是對於下級審法院適用法律有所意見，則必須提出更精確的法律見解，如最高法院判例或法律學說看法，以強化上訴的理由。

絕地反攻者

上訴人既然無法說服下級審法院，在訴訟的三方關係上，顯然已被孤立。此時，上訴人只有孤注一擲，在上級審中尋求全面翻案。所以，上訴人必須不計任何代價，傾巢而出地提出所有對己有利的主張，甚至還要要求上級審法院為其調查有利的證據。

上訴人的主張之所以不被下級審法院接受，通常是事實內容不夠明確，或無法提出使人確信的證據，致其主張的事實無法取得法院的信賴，所以上訴人於下級審所提的主軸定位，有必要再加強或修正，以期改變法院的看法。

上級審法院通常是以下級審的判決書為其審酌的主要內容，所以上訴人在提出上訴理由時，宜先提出「調查證據聲請」狀，以直接挑明下級審法院判決錯誤之處，期能取得上級審法院的認同，願意仔細審理，並聽取上訴人的冤屈。

❖被上訴人地位

被上訴人的角色顯然與上訴人不同。由於下級審法院已判決被上訴人勝訴，被上訴人等於是獲得下級審法院的「加持」，已取得了有利的地位，此時他的角色扮演顯然輕鬆不少。

獲得法院肯定者

被上訴人已取得下級審法院的認同，接受其在下級審法院的說法，等於是他說服了下級審法院，和他站在同一陣線。較之於上訴人，被上訴人多了一位守護者，而上訴人則多了一位敵人。

因此，被上訴人不僅可維持原來的主張基調，甚且，被上訴人更可引用下級審法院的判決內容，加強自我的主張，且大加讚揚下級審法院是如何地「公正」及「明察秋毫」。

被上訴人在上級審法院審理時，如果上訴人的上訴理由沒有離開原來所設定的主軸太遠，或上訴人的上訴理由尚未對下級審判決內容構成威脅時，不宜操之過急，仍宜以下級審法院的判決，作為上訴審的「擋箭牌」。

以逸待勞者

被上訴人既得到下級審法院的認同，對於與上訴人之間的法律糾紛，可謂已取得法院的認可，初步確立「所言非虛」。也就是說，他在下級審法院所為的「訴訟策略」及「訴訟主張」，已全面取得法院的首肯。

雖然，上訴人提出上訴，但就被上訴人而言，上訴人應是對下級審法院判決的不認同，被上訴人有下級審法院的判決作為其「盾牌」，可謂「以逸待勞者」。理論上，上訴人的上訴理由是針對下級審法院判決的不服，被上訴人實不宜反應過度，且針對上訴人的指責亦無須過度反應。

在「以逸待勞」的前提下，被上訴人可以維持下級審法院的主張，以免讓上級審法院感覺被上訴人有所「隱匿」，認為下級審法院判決確有不盡完全之處，進而挑起上級審法院的審理興趣。

固守城池者

理論上，被上訴人不是上訴人在上級審法院的「頭號敵人」，被上訴人也就無須強出頭，只要固守下級審法院判決所認定的事實與法律見解，被動地面對上級審法院的審理即可。

然而，被上訴人也不可一味地固守城池。在上訴人絕地反擊後，如果上級審法院對上訴人所提出的上訴理由或所提請調查的證據等已經開始處理，或在審理態度上已對下級審法院的判決有所質疑時，被上訴人就要有所警覺，思索如何因應，以維戰果。

8 律師的角色～行所當行，為所當為

「人生難得糊塗。」但是如果真遇到「糊塗事」，一般人還未必能夠接受那「糊塗」的結果。身為一位律師，在工作職場上，還真不能糊塗，但是人非聖賢，哪個律師能永保清醒？因此，如何在糊塗時仍能不誤事，使當事人能安心地委任，考驗著每位律師。

律師工作不是外人所想像的如此亮麗，只能說如人飲水，冷暖自知。律師工作的內容，隨著當事人的期待不同，而有不同的變化。當然，為當事人效命法律、效命法院，是律師的本分。所以，律師角色主要是為人作嫁，絕不可反客為主，被當事人捧上天後，就忘了自己。

訴訟律師之本是打官司，或可說打官司是訴訟律師吃飯的傢伙，但對每位當事人而言，天底下最重要的事，莫過於他正在面對的問題。律師在面對當事人時，不宜讓當事人有「例行公事」之感，要正確掌握當事人的真實需求，也要瞭解自我的角色。

❖律師是顧問

律師具法律專業，提供當事人相關法律的諮詢，同時，針對當事人的具體法律問題，提供適切的法律分析及可能的解決方法，此時，律師的角色是顧問（counsel）。所以，律師僅就所瞭解的事實，做出分析及建議，並不是事件的裁判者或決定者，必須充分尊重當事人的最終決定。

事實上，法律並非只是保護懂法律的人，而是保護願意關心法律的人。律師提供的法律建議，猶如醫師提供的醫療建議，所說的意見並非神聖不可挑戰的。我過去常見許多當事人，將律師說的任何話都奉為圭臬，不敢提出質疑，即使不贊同律師的意見，仍不敢更換律師。

律師所提供的專業意見，絕非一成不變，更非真理。當事人面對律師的建議，有權聽取其他建議，更有權提出問題予以挑戰。千萬不可將律師的諮詢建議當成「聖旨」，畢竟，律師充其量只是個參謀，當事人才是主帥。

❖律師是領航者

在訴訟案件上，律師是領航者，必須堅持訴訟的專業意見，擇善固執，不能因為當事人的三心二意而有所動搖。但同時，訴訟律師也不能過分主觀，一成不變，尤其當當事人決定改變目的時，領航的律師就要能及時調整轉彎。

在法律辯護上，律師除了必須挖掘所有事實外，更要表達出當事人想要講的話，再添加有利於當事人的法律主張，幫當事人創造最有利的價值。同時，好的訴訟律師不僅要做好案件管理，且應定出訴訟的策略方向與執行目標，拿捏每個環節，且唯有盡可能地避免錯誤，才能扭轉乾坤。

就像名醫師也有可能診斷錯誤，好的訴訟律師也會犯錯，重點是要盡量減少犯錯的機率，及在犯錯後做好補救措施。在處境最差、壓力很大時，絕不退縮，絕不放棄贏的希望，且要替委託人吸收壓力，讓他們看到希望，建立信心，然後找到出路。

沒有一定贏的案子，也沒有一定輸的案子。訴訟案件都在勝負之間擺盪，就看承辦律師如何跨過那一條輸贏的界線。此時，律師就是貫徹「勝訴」的辯護師（advocate），得為當事人設計一個「美好角度」，為此「理念」而努力。

❖律師是心理醫師

醫師醫身體，律師醫心理。身體有病，有藥可治，心理有病，又該如何？所謂「哀莫大於心死」，如果一段冤屈無法獲得平反，一件糾紛無法獲得解決，心中長期掛念，恐將有「生不如死」的遺憾。律師有時必須扮演心理醫師的角色，陪同當事人走過一段人生。

不管是非，不論對錯，當事人一旦遇到糾紛，常流於情緒性反應，原本是要與律師商談，請求協助處理，結果可能淪為抱怨發洩，甚至是哭訴冤屈。此時，律師只能先扮演「傾聽者」的角色，任由當事人先吐為快後，才能切入正題。

當然，如果律師能有效率地從當事人的抱怨、哭訴或憤怒中，拼湊出一幅完整的故事全貌，即能有效地對症下藥，提供當事人適切的意見。畢竟，當事人在心情不穩定時，一股腦地提供法律分析，可能適得其反。

❖律師是導演

法律訴訟不是單純「用法」的過程，所以，律師不應只是陷在法條的框框中，而應先思考如何將事實呈現，在有利的法條規定架構下，說出一個令法官贊同的好故事。因此，律師像是一位電影導演，在一個有很多面向的案子裡，切入一個很適切的角度，導出一齣「引法官入勝」的電影。

然而，不同於導演拍片的過程，律師不可能有任何NG的機會。由於法官、檢察官都具備法律專業知識，在開庭短促的時間壓力下，律師必須在有限的時間裡，呈現有利於當事人的角度，更要讓法官、檢察官想看、想聽。

律師在瞭解當事人的事實後，就要像電影導演般地，設法在短短幾分鐘內，將當事人的電影正確地傳達給法官或檢察官，以取得他們的認同，進而獲得訴訟勝利。律師在操作過程中，除須注意每個可能變動的細節，以隨時改變導演手法外，更要充分表達主觀的價值判斷、客觀的事實真相及說理角度，將導演工夫發揮到淋漓盡致，以達到當事人的期待，這是訴訟技巧中的最高藝術。

❖律師是演員

律師也是位演員。尤其，當事人既然將「心病」交給律師醫治，律師在法庭上就應該更審慎處理，甚至為了當事人而必須下跪演出時，也要有勇氣能跪下去。這麼做，並非為了錢，而是為了當事人的利益。

反之，訴訟律師在法庭上，要讓法官或檢察官不能忽視你的存在。「人必自重而後人重之」，當法庭上的律師讓法官感覺不是很認真時，法官就會有樣學樣地不好好審案。因此，訴訟律師不僅是「唱作俱佳」的演員，而且也要是「有立場、有原則」的好律師。

當然，律師不能當個譁眾取寵的演員。在法庭上，律師應以其法律專業，將當事人的事實，有系統地表現在法官或檢察官面前；同時，一旦展開訴訟，猶如演員已經上場，絕不能退縮，要在最短時間內掌握訴訟氣勢，獲得「最佳演員獎」，以打倒對方。

一位成功的律師就要像 Konica 廣告所說的：「演什麼，像什麼」、「它抓得住我」。什麼時候該提供當事人意見，什麼時候要尊重當事人的決定，什麼時候該為當事人爭取權益，什麼時候該陪伴當事人走過信心谷底，在在考驗著一位專業律師的能力。

9 與律師交談的原則～知其然，知其所以然

身為律師，是榮耀，也是責任。在過去的執業歲月中，我有幸跟隨許多知名的律師學習，也見識到每位律師不同的做法與態度。當然，隨著時間流逝，潛移默化中，是否已失去初衷，也失去對當事人的熱忱，只有與我交往過的當事人才知道。

不可諱言，與我合作的當事人中，有喜歡我的，也有討厭我的。以一位律師的身分來建議當事人，有關與律師交談的原則，或許不是很貼切，但身為律師，與許多當事人合作過，我盡可能地「將心比心」，思考該怎麼做，當事人與律師之間才能維持良好的互動模式。

一般人總認為律師是「高高在上」，所以在與律師交談時，常不知該如何面對，甚至對律師所說的話，不敢提出質疑，唯唯諾諾，這麼做實在有點本末倒置。事實上，律師是人，且只有在接受當事人的委任之後，才能顯出律師的價值。因此，當事人有權利選擇律師，且必須審慎挑選，才不會誤了自己的大事。

❖列好相關問題

當事人會尋求律師協助解決法律問題，必定是因為自己無法解決，或不願親自面對，所以想藉由律師之手來達到目的。此時，律師是當事人的手足延伸，既是手足延伸，就須配合當事人的想法與做法，當事人才能安心。

不論律師是否忙碌，通常與律師交談就必須付談話費，這或許也是當事人不敢與律師談話的原因之一。也因此，為節省時間及金錢，在找律師諮詢之前，宜先列出想詢問律師的問題，有效地控制時間。如果不在乎談話費，且律師有時間時，也可以發洩怨氣，以解心中之悶。

列好問題詢問律師，可以由律師的回答中，瞭解律師的特性，以決定對方是否合乎自己的要求。律師也是人，有著七情六慾，猶如醫師分科般，律師也各有專精，不是萬事通，只是有些律師會打腫臉充胖子。所以，當事人必須謹慎提問，瞭解律師的優缺點。

或許當事人所列的問題未必都有答案，但律師回覆當事人的方法，也可作為選擇律師的參考之一。畢竟，律師必須面對的法律訴訟，不可期待的情形多樣，律師的反應也是訴訟成功與否的重要關鍵，當事人不能不重視。

❖瞭解自己所求

理論上，當事人應該知道自己所求為何，也要知道該選擇何種律師。但實際上，當事人因身處法律問題的漩渦，常不知所措，更遑論瞭解自己所求為何。果真如此，當事人也可以將自己的困擾，提出予律師分析，也可因此「測試」律師的能耐。

或許，當事人也不知如何提問，更不知如何啟齒。此時，只要隨著內心想說的情境，與律師開始會談，有經驗的律師會引導當事人，慢慢地回到事情的核心，而這樣的律師應是當事人可以交付重任的。相反地，如果律師無法如此做到，也就表示當事人與律師「不對盤」，當事人宜另請高明。

事實上，瞭解自己所求，可以重新整理自己的問題與思緒。另一方面，更可以強迫自己重新回顧，找出任何有利的蛛絲馬跡。

當事人所求通常與訴訟的目的相近，甚或是相符。律師在瞭解當事人所求後，可以定出操作的方法與手段，而當事人也可以要求律師，告知其計畫採行的方法，沙盤推演，藉以檢視律師是否有能力達成當事人的期待。

❖文件準備充分

當事人一旦決定將法律事務委託給律師時，必須將「局外人」的律師變成「局內人」，以使雙方資訊統一，並將所有文件準備充分，讓事實全貌一一呈現給律師。如此，才能與律師保持良好的溝通效果。

有些當事人自作聰明，自動將全部的事實切割成「律師該知道的」與「律師不用知道的」。事實上，要解決法律問題必須掌握事實全貌，任何一點事實的改變，就會影響法律條文的適用。

甚至，有些當事人想維持其「自我形象」，有意省略對自己不利的部分事實，只強調自己的冤屈。這麼做不僅無濟於事，反而有害於律師做出正確的判斷，甚且恐將造成案件無法成功達到當事人的要求。

如果當事人一時無法找到全部資料，最好要說明原委，聽取律師建議，如果真需要提出，仍應全力尋找，不宜與律師討價還價。如果已無法提出時，也應盡可能地將無法提出的原委說明，以防對方突擊提出，令我方的律師措手不及。

❖隨時檢視成果

一旦選定律師後，當事人與律師的溝通才算正式開始，當事人絕不宜認為已將所有問題交給律師，就可以高枕無憂。事實上，雖然與律師溝通過，但律師仍有可能會忘記，為了自身的利益，宜隨時提醒律師，且要求律師將操作的每一個動作都先行告知，以確認無誤。

當事人應掌握律師做出的每一個法律動作，最好能做到「知其然，也知其所以然」。我過去曾遇過許多當事人，不滿原先選定的律師，不僅不敢與之溝通，甚至不知道律師到底做了什麼，也不敢解除合作，結果反而害了自己。

雖然律師是所謂的專業人士，但在處理當事人的事務時，仍必須忠實履行對當事人的承諾，所以當事人可以隨時要求律師告知進度，也可因此檢視律師是否依其所言，一一實現先前所做的分析與計畫。一旦出現問題時，宜瞭解狀況，以決定是否要更換律師。

10 面對檢調～立場堅定，態度懇切

在我執業律師的生涯中，是法庭、偵查庭及調查局的常客。在此期間，法庭內的設計，從檢察官與法官同坐在相同高度的位置上，到檢察官降低坐位高度，與法官分開坐，直至目前檢察官位置與被告相同。法庭內坐位的改變，象徵檢方與被告在刑事訴訟審理期間的公開平等地位。

然而，檢調機關偵辦刑事案件時，偵查庭的設計仍是檢方高高在上，被告或站或坐著應訊，且檢調有權對犯罪嫌疑人「呼之即來，揮之即去」，由此可見，偵查中的犯罪嫌疑人與檢調的地位並不相當。

檢調是偵辦犯罪的第一線，或許背負治安的重責大任，所以，為了「打擊犯罪」，在手段操作上，常有因時制宜的權宜做法，但也可能因此有侵害人權之虞。面對檢調可能的偵查行動，除須配合外，犯罪嫌疑人更應該注意維護自身權益，以免遭到不當對待。否則，等到檢調取得「不實口供」，且因此提起公訴時，將是一場長期抗戰的刑事訴訟過程。

❖檢調的基本立場

「檢調」是不同的兩個政府單位，同屬於行政院轄下的法務部。檢察機關均設立在各地區的法院或其附近，而調查局則獨立設立在不同的地點，兩個機構主要都是職司刑事犯罪調查的工作。名義上，調查局的偵辦動作應該依檢察機關的指示，但其也可以先行偵辦犯罪，等「調查時機成熟」後，再將全案移送檢察機關偵辦。

因此，就案件偵辦結果是否應起訴犯罪嫌疑人而言，調查局是檢察機關的輔助系統，但由案件可主動偵查的角度來看，調查局又可獨立為之，而不屬於檢察機關。所以，調查局的權力仍是不小，這也就是一般人討厭調查局的原因之一。

職司犯罪的偵辦，理論上是維持社會的和諧，與防止犯罪的發生，其工作的神聖自不在話下。不過，由於制度設計，偵辦犯罪是屬祕密，以保護遭偵辦的犯罪嫌疑人，這麼做原本立意甚佳，但由於執行的人員素質參差不齊，弊端層出不窮，也就常遭人詬病。

實務上，檢調辦案通常已將「鎖定的特定人」認定是犯罪，在辦案過程中努力找出對該特定人的不利證據。所以，犯罪嫌疑人與檢調對立，乃是無可避免的情況；加以偵查不公開，及檢調享有一定的公權力，使得犯罪嫌疑人在偵查中遭到不公平的對待，也就在所難免了。

❖面對搜索的態度

法律給予檢察官一定的辦案「強制處分權」，所以檢察官可以在「調查證據」的大保護傘下，對於一定的場所，在取得搜索票後，進行必要的搜索；而調查局常是執行搜索的重要打手。由於搜索就是要「趁人之危」，來個「趕盡殺絕」，所以它的祕密性極高。被搜索的人是不可能事先知情，當然，例外情形也時有所聞。

當事人如果不幸遭遇檢調「搜索光顧」時，也無需慌張。由於目前詐騙集團手法推陳出新，所以，如果有人登門造訪且自稱為檢調人員時，不宜只見其穿有「法務部調查局」字眼的衣服，即失去警覺，仍應確認該等人員的真正身分，並請其出示證件，同時，也應請其出示蓋有「法院的關防」與「法官的個人印章」的搜索票。

在驗明正身後，須再確認該搜索票所記載的搜索地點，是否與檢調機關執行的地點相同，尤其須確認「搜索地點的範圍」。實務上，常見檢調超出搜索範圍後，即要求當事人簽立一份同意書，企圖將其違法搜索的事實，以獲得當事人的嗣後同意而合法化，當事人不可不慎。

如果一切都是真的，當事人也無需緊張，此時，就只能允許檢調人員進入，但仍必須陪同在側，以監督有無超出搜索的必要範圍。此時，如果有律師朋友，可請其盡速前來。當然，態度懇切、立場堅定，是維護自身權益的不二法門。

❖回應檢調的原則

在檢調執行完搜索後，會製作一份筆錄，載明執行「搜索狀況」及所查扣的「物品清單」，且要求當事人簽名。當事人宜先確立其內容及遭查扣的物品是否相符，以免使「不法」的搜索，因當事人的簽名，變成合法，而使查扣的物品可以變成犯罪證據。

一旦檢調搜索完畢後，通常會將可能的涉嫌人帶回偵訊，並由一、兩組人馬來回偵訊，此時，是考驗耐力的時刻。犯罪嫌疑人對於調查人員的訊問，宜冷靜思考後，小心回答。調查人員常會針對同一問題，反覆訊問，如果稍有不慎，回答內容有可質疑之處，其即緊抓不放，直到回答的內容是其「想要」的答案，始肯罷休。

如果有多位被調查的犯罪嫌疑人，則在調查人員訊問時，常有人「穿梭」在各訊問室，相互比對答案內容，且常會以「其他人均已承認」等等藉口，要求犯罪嫌疑人「承認就範」；甚且，調查人員更會以「所涉案情不複雜，只要趕緊承認，即可回家」為理由，誘導犯罪嫌疑人就範。所以，犯罪嫌疑人宜堅持事實真相，不宜因想回家而遭調查人員誤導，做出不實陳述。

「堅持回答內容」是回應調查人員的首要原則；「堅持長期抗戰」是回應調查人員的基本態度。不要以為趕緊承認，即可返回休息。事實上，調查人員訊問完畢後，會依情形將犯罪嫌疑人帶往地檢署，交由檢方複訊。除非案情簡單，否則調查人員不太可能會輕易放人，當事人在面對檢調搜索當日，最好有不睡覺的心理準備。

❖宜聘請律師到場

許多人收到調查局通知書或檢察機關的傳票，要求到案說明時，常自認「不做虧心事，心裡坦蕩蕩」，加上常有人說，檢調偵查屬祕密，請律師沒什麼作用，所以就隻身前往應訊。固然，律師在檢調訊問時，無法充分為犯罪嫌疑人辯護，但律師可以隨時監督檢調辦案，並保障犯罪嫌疑人的人權。因此，聘請律師誠有必要。

事實上，偵查期間聘請律師，雖然律師無法當場為犯罪嫌疑人辯護，但律師陪同在場，可以瞭解檢調訊問內容，並有效摘記重點，以利嗣後提出答辯內容。其次，有律師陪同的犯罪嫌疑人，或許不受檢調歡迎，但至少無須遭受檢調上述不合理的可能對待。

再者，律師固然不是萬能，但由於檢調偵查期間，犯罪嫌疑人不得由其親人陪同，只有律師可以陪同在場接受偵訊，則多一人在旁，多一份安心。而檢調在偵訊完畢後，如果認為犯罪嫌疑人有羈押的必要，會將犯罪嫌疑人暫時拘留，等待法院開庭、審理及裁定，在此期間無法與外界溝通，如果有律師在場，可以立即採取因應手段。

尤其，檢調訊問的方法與角度，與一般的聊天問話不同，在收受檢調通知後，宜先行與律師溝通，瞭解檢調的作業方式及其辦案方向。對於檢調偵查的內容，犯罪嫌疑人通常可能已略知一、二，可先行與律師討論，以正確回應檢調偵查方向，不僅可避免訊問時間的浪費，也可以降低不必要的擔心。

11 訴訟的法律地圖～熟悉遊戲規則

談及法律時，許多人常是避之唯恐不及。這樣的反應真是讓人一則以喜，一則以憂。喜的是我應該還不會失業，憂的是這些對法律有恐懼的人，如果遇到法律問題時，該如何自處和因應。

我曾遇過三種不同類型的客戶：喜歡以法律訴訟作為其擴張事業版圖的委託人，對法律展現出積極的態度；觸類旁通的委託人，很快地將法律觀念納入他的專業領域與思考範疇中；充分信賴律師專業的委託人，常是不願花心思瞭解法律內容。

事實上，法律這門社會科學與其他學科並無二致，它的結構與本體與其他學科相近，只要掌握其中的精髓，與其他社會科學或自然科學是可相互融貫的。

法律結構猶如地圖，不用過度害怕面對法律。法律是有邏輯層次的遊戲規則，如果瞭解法律，更有助於精確掌握事實真相，兩者相得益彰、互為表裡。

事實上，法律規定的精神均不悖離常情，而法律技術規定猶如地圖、幾何學和棋盤，可以靈活應用。

❖法律體系如地圖索引

坊間所謂的《六法全書》，主要將法律區分為六大塊：憲法、民法、刑法、民事訴訟法、刑事訴訟法及行政法。各種法律規定有其目的與功能，且有一定的體系架構。憲法是定位國家與人民的關係；民法是規範人與人的關係；刑法是國家處罰犯人的關係；訴訟法是實施訴訟的規則；行政法則是規範公務員的行政手段。

事實上，法律是人類社會的遊戲規則，一切的規範均是以「人」為出發。法律上的人可分為「自然人」及「法人」。至於人的職稱或彼此之間的關係，基本上不會有太大改變，如公司董事關係、親屬或夫妻關係，但在法律訴訟中，人的關係會產生不同的法律評價。

各法律有其「章、節、條、項、款」等不同層次的規定內容，理論上，形成一張嚴密的法律體系網，猶如地圖中的大道、路、街及巷弄等等結構。如果掌握法律體系能像熟悉地圖般，知道何處有大道、何處有小徑，則對於法律規定就能了然於胸，不僅瞭解身處何地，更能隨時掌握方向。法律既是遊戲規則，學習關心法律，如同學習看地圖般，能保護你不致於迷失了方向。

❖法律體系的點與平面

法律規定也像數學點、線、面的關係。民事所定的「人」、「物」、「債」等等，猶如數學上「點」的概念。瞭解上述法律規定的內容，猶如探討點的座標位置。法律用語有其基本意涵，不是一般通用的語詞內容，切勿以一般的認知，推論法律用語的內容，以免誤用。

至於法律就特定關係所定的內容，猶如數學上「線」的概念，如民法所規定的「契約」、「侵權行為」等等，均有一定的法律要件：契約成立，須有要約及承諾，且內容一致；而侵權行為則由六個要件構成，每個要件都有其定義。

最後，由「點」、「線」構成的「面」，即如民事債的發生有五種情形，即「契約」、「代理權授與」、「無因管理」、「不當得利」及「侵權行為」，其各有不同的內涵，但總體而言，如果當事人欲提起民事法律請求，就須立基在上述五種規定。

同理，刑法所定的「犯罪行為」，各犯罪型態及犯罪要件等，也是同樣的精神。在提起訴訟前，宜針對相關的法律規定，瞭解其定義、體系及架構，並利用圖形概念，幫助理解。具備基本的知識，有助於檢視自己的操作，或律師的動作是否有利。

❖法律體系如棋盤

法律規定也如同跳棋盤。法律規範中的「人」、「物」等等的定義，如同跳棋盤中的圓圈，而人和人之間的法律關係，即如同棋盤中的線。如果圓圈與圓圈之間沒有線，表示該兩點之間無法相連，也表示該兩法律定義無關聯。

當事人的具體事件，猶如跳棋子，當當事人陳述具體事實時，其所提及的人、事、時、地、物，即可放入棋盤中的圓圈。在當事人結束其故事時，棋盤上的所有棋子應已「各就各位」，而後就要思索相關圓圈之間有無「線」的連結，如此推敲進行，當事人的法律問題即可迎刃而解。

當然，當事人的事實如果改變，猶如將一顆棋子改置到其他圓圈位置，從而法律關係也隨著「線」的連接改變而有所變化，對於問題的解決方法，也就要重新定位與思考。由跳棋盤的觀念，可以清楚說明，如果當事人主張的事實內容有所改變，法律解決方式也必須跟著改變。

❖適用法律猶如開車

解決當事人的法律問題或實施法律訴訟，也猶如開車一般。要懂得如何在已知的法律地圖中，選擇一條最方便、最快速且最平穩的道路，以盡速解決該法律問題或法律訴訟。

開車時如果愈瞭解實際的交通規則與位置，就能愈快速到達目的地。尤其，如果知道各個路口的交通標誌、警察站崗的時間，就更能因時、因地，做不同的路線規畫。同理，如果能更加清楚法律的實務操作內容，即能更精準地決策每一個法律行動。

理論上，律師要熟知法律地圖，如同司機般帶領當事人走到法律的目的地。當然，有經驗的律師猶如有經驗的司機，懂得因時制宜，知道在何時應走什麼樣的法律之路，以快速帶領當事人走到目的地。

12 訴訟的三種類型～確認訴訟目的，採取正確手段

如果要從高雄到台北，你會選擇什麼樣的交通工具？選擇高鐵，你必須從高雄左營站出發；選擇台鐵，則要從高雄車站啟程；當然，你也可以選擇自駕或搭乘國光號，走高速公路。這些交通工具都能到達台北，沿途也各有不同景象。

訟訟同樣有三種類型，且各有各的目的，操作手法亦不盡相同。在發動訴訟戰爭前，必須先瞭解訴訟類型，才不會茫然失措，就好比搭車前要先查好地圖，熟悉交通動線，一路上才能胸有成竹。

判斷不同交通工具的優缺點，會使你更理解行車動向、行車所需時間；同樣道理，掌握訴訟類型的差異，可以讓你在訴訟過程中，時時確認訴訟方向是否正確，評估訴訟可能的時程，確保訴訟主控權。

訴訟是從當事人的角度而言，如果從法官的角度出發就是審判。目前司法實務將訴訟分為三種類型：民事訴訟、刑事訴訟及行政訴訟。這三種訴訟類型有不同的功能及目的，在決定提起訴訟前，最好想清楚透過訴訟想要達成的目的，才能採取正確的手段。

❖民事訴訟

民事訴訟主要處理財產的紛爭，或親屬之間的身分關係，以及因身分關係所涉及的財產繼承事件。舉凡涉及財產價值的糾紛，例如：爭取一塊土地、一棟房屋、一個特定東西，甚至請求一定數額的金錢，只能透過民事訴訟來達到目的。

至於身分關係的糾紛，例如：夫妻關係、婚生子女、收養子女、認領子女等，都屬於民事訴訟的範疇；因此，從身分關係衍生的財產繼承事件，也就是被繼承人死亡後的財產糾紛，都屬於民事訴訟。

民事訴訟著重的是人與人之間的「關係」，通常稱為「法律關係」。合法的法律關係常是指「契約關係」，例如：你到超商買麵包，與超商之間就成立了買賣契約的關係；至於不合法的法律關係通常是指「侵權關係」，例如：你開車不幸與別人相撞，你們之間就產生「車禍的侵權關係」。

民事訴訟是處理私人之間的紛爭，如同掛號看病一樣，必須繳納一定的裁判費，通常是原告請求數額的百分之一；如果須上訴到二審或三審，則須繳納上訴數額的百分之一點五。另外，如果涉及糾紛需要委請第三鑑定機構鑑定時，尚須支付鑑定機構核定的鑑定費等。

民事訴訟通常是針對私人糾紛，訴訟過程主要採行「當事人進行主義」，也就是訴訟雙方須主動說清楚自身冤情，法官不能越俎代庖，當然無法主動為你伸張正義。

❖刑事訴訟

刑事訴訟主要是針對國家處罰的犯罪行為，舉凡危害國家、社會或個人權益的犯罪行為，國家都有責任追訴犯罪行為人。換句話說，刑事訴訟只處理犯罪行為人的行為，一旦該行為符合法律所定的犯罪要件，國家就必須處罰行為人。

由於《憲法》揭示人身自由須有法律保障，所以對於涉及犯罪行為的嫌疑人應否處罰，就須經由刑事訴訟的程序來確認嫌疑人的犯罪責任。因此，刑事訴訟講求「罪」與「刑」的法定，如果不符合法律所定的犯罪要件，就不構成犯罪；對於符合法定要件的犯罪，就須處以法定的刑罰。

所謂「罪」的法定要件，指犯罪嫌疑人的行為必須符合法律所定的「構成要件該當性」、「違法性」及「有責性」。如果行為不符合法律所定的構成要件，就不構成犯罪。符合構成要件的行為，必須再檢討是否具備違法性，例如：執行死刑的公務人員，雖然構成《刑法》的殺人罪，但因是國家賦予的職責，就沒有「違法性」。

至於「有責性」，是指行為人應否對自己的行為負責，正如經常遭議論的「精神異常者應否處罰」的責任能力。如果法院認定行為人是一位精神喪失的人，那他就不具備「有責性」，也就不用負刑事責任。常見媒體報導精神病患逃避法律追訴的爭議案件，也因此引發是否修改法律的討論。

一旦犯罪行為人經過刑事訴訟確定有罪後，就必須接受國家的處罰，但不等於犯罪被害人可以得到賠償。如果被害人因加害人的犯罪行為遭受身體健康或財產的損失，被害人仍需依上述的民事訴訟提出損害賠償的請求。

當然，法律給予這類被害人可藉由刑事訴訟提起附帶民事訴訟，也就是利用刑事訴訟的程序，在檢察官起訴行為人後，提起附帶民事訴訟，此乃藉由刑事訴訟程序提起另一件民事訴訟，本質上仍是兩個訴訟。尤其，提起附帶民事訴訟時，要格外注意《民法》關於「侵權關係」的時效規定只有兩年。

常有人說「以刑逼民」，就是想藉由刑事訴訟達到民事訴訟的目的，亦即民事糾紛的被告以刑事訴訟進行追訴，想藉由國家處罰犯罪行為的壓力，逼迫被告清償原告的財產損失。早期司法實務中常見此種手法，但目前檢察機關已注意到此問題，不宜任意為之。

不同於民事訴訟屬於私人之間的糾紛，刑事訴訟是國家處罰犯罪行為，沒有如同民事訴訟應繳納裁判費的規定。至於刑事附帶民事訴訟，因提起附帶民事訴訟的一審是在刑事訴訟程序，實務上不收取裁判費，但是，如果一審判決已屬獨立的民事判決時，上訴二審的一方就須繳納裁判費。

❖行政訴訟

行政訴訟是審酌政府的施政行為是否違法，或是否侵害人民權益，是「民與官鬥」的過程。例如：交通警察認定你開車違規，或稅捐稽徵人員核定裁罰而須多繳納更多稅負時，如果你不認同他們的認定，就須採取行政訴訟來爭取權益。

行政訴訟包羅萬象，舉凡與政府施政有關的，如：交通、食品安全、稅務、環保……等各種政府行為都屬之。目前行政訴訟採取兩階段，第一階段是「訴願」，向施政單位的上一級行政機關提起，例如：台北市財政局違法核定的稅捐爭議，應向行政院財政部提出訴願；第二階段則是「行政訴訟」，是向高等行政法院提起，類似民事訴訟，行政訴訟須依請求內容的不同，繳納不同金額的裁判費。

至於國家賠償的訴訟，雖然訴訟一方屬於政府單位，性質應屬行政訴訟，但法律明定此類訴訟應依循民事訴訟程序，由法院民事庭審判。另外，如果政府機關以一般人的地位與他人簽訂買賣合約或工程合約，因未涉及政府施政的公權力，此類交易如果不幸發生糾紛，仍屬民事糾紛，應提起民事訴訟，而不是行政訴訟。

如果你決定打官司，但不知道該選擇哪種訴訟，建議先諮詢法律專業人士，以免走了不必要的冤枉路。

13 民事訴訟～舉證所在，敗訴所在

有位當事人因保險公司拒絕理賠，氣憤地提出民事訴訟，結果自覺有理的他竟遭敗訴。我受這位當事人的委任，為其上訴。當我拿到一審判決時，不禁搖頭。原來，這位當事人堅守「坦白從寬，抗拒從嚴」的信念，認為法院會為其主持公道，以致一股腦地將所有文件全數提出。而保險公司早在與其協調時，就已做好拒賠的打算。

結果，這位當事人在法庭上忠實地表白，遭對方無情地否認，且一再要求舉證，而他也辛苦地請來國外專家作證，但還是遭到敗訴。當然，在上訴審中，我成功地說服法官，將「舉證責任」由當事人身上，轉由保險公司負擔。經過近兩年的長期作戰，終於反敗為勝，所耗費的「子彈」是多達上百頁的「萬言書」。

《民事訴訟法》是統管民事訴訟案件的技術法規，共計六百四十條。具體訴訟中，因案情不同，不必然適用所有的規定，但實務運作上有共同原則，值得提出，讓讀者瞭解其精神，更加熟悉「民事訴訟地圖」。

❖人與人的私權糾紛

民事訴訟主要是為了解決人與人之間的私法上權利糾紛，也就是雙方間存在的「法律關係」，如契約或其他的債權債務關係。因此訴訟雙方處於平等的訴訟地位，依「當事人進行主義」的原則，由雙方自行決定所欲主張的內容，法官僅能聽訟。

所謂「私權」糾紛，主要是指涉及財產或身分關係的糾紛。原告起訴須繳納裁判費，原則上是請求金額的百分之一，如果不知如何計算或難以計算，可請求法院裁定後繳納。上訴審的裁判費則依比例增加。

所謂「人與人」的糾紛，也包括「法人」，即依公司法或其他相關法律設立的公司。因此，公司與人民或公司間的糾紛，都屬民事糾紛。對於公司董事或經理人的訴訟，宜分清楚是針對公司或對個人，否則對象錯誤，法院會直接駁回訴訟。

❖當事人進行主義

所謂「當事人進行主義」，是指訴訟雙方提出的主張，均由當事人自行決定，法院無權干涉，只能行使闡明權。因此，書狀內容愈吸引法官，愈能引發法官審理的興趣，若附上有利證據，更有助於勝訴。

法院主要行「言詞辯論」，但其開庭常常是短短數分鐘，雙方最好系統說明，強調關鍵證據，留心法官問案方向，隨時調整攻防。《民事訴訟法》於二〇〇〇年修正後，法院常要求雙方整理爭點，釐清雙方「爭執」及「不爭執」的事項，此涉及舉證責任，影響勝負，甚至影響未來上訴的方向。

❖舉證所在，敗訴所在

「舉證責任之所在，敗訴之所在。」這是民事訴訟的名言，不論原告或被告都必須小心操作，以免惹禍上身。民事訴訟主要審理雙方是否存在某法律關係，而此涉及事實內容，所以在事實真相未證明之前，無法判斷是否存在法律關係，故有此法諺。

舉例而言，在訴訟中，原告起訴要求被告應該將房屋一棟過戶給他，理由是雙方訂有買賣合約，但若被告否認有該合約時，原告就必須證明雙方有簽立合約，否則原告的請求將會被法院駁回。反之，如果被告不否認雙方簽有合約，只是辯稱說原告有先付錢的義務，但原告還未付錢，此時，原告即因被告已間接承認雙方有簽立合約，而不須舉證該合約存在。

不過，此法諺只是強調舉證責任的重要，不是打擊舉證者的信心。當然，民事訴訟中，常是雙方互玩舉證責任遊戲。如果涉及複雜的法律事實，當事人宜請教專業的民事訴訟律師，否則空有理由，不知遊戲規則，仍無法獲得正義伸張。

❖留意審級，謹慎上訴

一審雙方宜準時出庭，否則，出庭的一方可請求「一造辯論判決」。如果原告缺席，被告有權拒絕辯論，如此將視同雙方均未到庭，「合意停止」訴訟；如果原告未於四個月內，書面請求「續行訴訟」，視同原告撤回起訴，所花心力將付諸流水。

敗訴一方如欲提起上訴，須在收到判決書翌日起二十日內提出。二審是「事實審」，為釐清事實的最後戰場，主要針對一審未查明的事實，做更進一步的調查。二審採三位法官合議。三審是「法律審」，審酌二審適用的法律有無錯誤，採五位法官合議。

不服二審判決者，可於收到判決後二十日內，聲明上訴，並於聲明上訴後二十日內，提出上訴理由。第三審審酌第二審判決適用法律有無不當，包括「未引用適當的法律」或「錯誤引用法律」，所以，必須具體表明二審判決違背法令之處，且須委由律師提出。

14 刑事訴訟～無罪推定vs.有罪推定

「你可以保持緘默，可以不違背自己的意思，也可以選任辯護人到場……」電影中，當警察抓到壞人時，總會背出這一段話。在真實社會中，這段話的效果真是如此嗎？我想只有遭到如此對待的人才能真切地感受。

刑法理論的「無罪推定」，在現實生活中，變成了「有罪推定」。也就是，原本檢方應證明被告有罪，且法院如果沒有證據，不可判決被告有罪。但這樣的理論前提，在實務運作中，變成了被告應證明自己是清白的，如果沒有辦法證明，在法官的主觀認知上，就可能是罪大惡極了。

我從事律師實務工作多年，也已被動地接受了這樣的觀念，不想再高談闊論，寧可面對現實，才能為當事人解決他們的燃眉之急。《刑事訴訟法》是統管刑事訴訟案件的技術法規，共計五百十二條。具體訴訟中，因案情不同，未必全然適用所有的規定，但實務運作上有共同原則，值得提出，讓讀者瞭解其精神，更加熟悉「刑事訴訟地圖」。

❖國家處罰被告

刑事訴訟，理論上是國家調查人民是否涉嫌犯罪。各國制度設計不同，雖然各國憲法皆保護犯罪嫌疑人或被告的「人權」，並在《刑事訴訟法》中明文規定，但我國訴訟制度賦予代表國家偵辦犯罪的檢察官不小的權利，因此，人民與國家在刑事訴訟上是不對等的關係，遭調查的犯罪嫌疑人或被告不可不慎。

由於檢察官及調查局的偵查採「不公開原則」，不論告訴人提告，或檢調主動偵辦，犯罪嫌疑人及律師均無法閱卷，無法知道告訴人所提的資料，更不知檢調有何資料，在資訊不對稱的情況下，顯然訴訟雙方不對等。

如果犯罪嫌疑人不幸遭到起訴，就成為「被告」，案件將移送至法院。雖然《刑事訴訟法》採「無罪推定」，即在被告未判決有罪確定前，應推定其無罪，但在法院審判實務上，常是「有罪推定」，只要被告遭起訴，就必須積極證明自己無罪。

❖偵查階段

在偵查階段中，由於檢調可以隨時傳訊犯罪嫌疑人，且可動用國家公權力，地位明顯不對等。為讓檢調合理對待嫌疑人，或者做出「不起訴處分」，犯罪嫌疑人最好不要得罪檢調。許多律師常因偵查祕密，與檢調互動不易，乃建議嫌疑人採「消極被動」，事實上，就是與檢調溝通不易，更應「積極防禦」才是。

由於《刑事訴訟法》修正，檢方目前分「偵查組」及「公訴組」，各司其職。偵查組不用面對未來法院審理，犯罪嫌疑人有時可能遭其隨便起訴，而公訴組只好接爛攤子，如此對犯罪嫌疑人或被告相當不利。所以，犯罪嫌疑人應積極提出防禦，以免遭冤獄。雖與檢調交手不易，但只要由人性常理出發，講清楚事實與冤屈，不論檢調是否聽進去，都是盡人事的做法。如果感覺偵查中已無法達成任務，宜另外想一套策略，先行佈局，期能於法庭審判時，爭取權益。

面對檢調偵查，犯罪嫌疑人可能遭受人身自由侵害。我以過去所見所聞，提供些許面對檢調的建議：

仔細評估答辯

由於實務強調「案重初供」，犯罪嫌疑人及其律師不清楚檢調偵辦方向，只能由偵訊問話中，大玩猜題遊戲。「答辯適切」至為關鍵，直接影響是否得面對未來法院三審的冗長程序。面對檢調，回答分寸很難拿捏。「說多」，恐遭檢察官擴大調查，無事惹塵埃；「說少」，怕檢察官誤會，認隱匿實情，無端遭起訴；「說錯」，或徒勞無功，或因小失大；「不說」，則凶多吉少，任人宰割。

積極面對偵查

面對檢調訊問，宜態度懇切，勿閃躲問題，積極回應是最佳防禦。否則，檢察官可能以「有串供之虞」或「有逃亡之虞」，聲請羈押。如果遇到「惡言恐嚇」，盡可能保持「外表嚴肅，內心輕鬆」的態度，以免自亂陣腳。如果不知如何應對，切記，保留陳述不等於說謊、保持沉默不代表認罪。

調適心理壓力

檢察官常以傳票通知開庭，並以平信寄送。傳票應有檢察官用印，否則可不予理會。調查局則以通知書要求到場，且常以傳真或電話通知。如果無法到庭，宜以書面先請假，以免遭檢調誤會有逃亡之虞，或形成偏見。接到傳票或通知單無須過度緊張，如果不知如何面對，宜諮詢專業律師，先求安心，再求應對。

保持健康體力

偵查雖由檢察官主導，但實務常由調查局為之。調查局訊問常拖至傍晚，始送檢察官複訊，是體力的極大考驗。如果被告不幸遭聲押，更須等待法院審理有無羈押必要，且當裁定作成時，常是翌日凌晨，不僅是體力考驗，更是心理煎熬。

慎防強制處分

「搜索與羈押」是對犯罪嫌疑人或被告財產與人身自由的強制處分。「搜索」是對被告搜身，或對其住居所、物品及電腦紀錄為搜查；「羈押」是限制被告行動自由，防止逃亡、湮滅證據或與他人串供。實施強制處分須有合法的搜索票或押票。應注意搜索地點、範圍及期間等等記載。被告原則上可拒絕夜間搜索。事實上，不合法強制處分仍時有所聞。

細閱處分內容

檢察官調查結束，會對被告做出「不起訴」或「起訴」的書面處分，並以平信寄出。被告收到「不起訴」處分，不宜高興過早，因為被害人可能對該不起訴處分，向高等檢察署聲請「再議」，一旦再議成功，案件將發回地檢署繼續偵查；反之，則被告可「解除危機」。另外，如果被告收到「起訴」處分，表示檢調的偵查階段已告一段落。面對起訴的事實，被告不用過分悲觀，但必須有面對冗長審判的「長期抗戰」準備。

❖法院階段

《刑事訴訟法》修正，改採「修正式當事人進行主義」，改變過去的「職權調查主義」，所以理論上，法官應以中立的立場進行聽訟，並對證人進行交互詰問。但事實上，檢察官一旦起訴被告後，將所有卷宗移交給法官，法官可先行閱讀，如此一來，恐無法不對被告產生成見，而開庭是否真能做到聽訟，只有法官自己知道。

當檢察官提起公訴或被害人提出自訴後，案件進入法院審理，被告與檢察官同屬「訴訟當事人」。如果案件是經告訴人提起，則在檢察官起訴後，告訴人在法庭已無當事人地位，由公訴檢察官擔任原告角色，告訴人只需不斷提供資料給公訴檢察官即可。

面對法院審理，我也依過去所見所聞，提供些許建議：

閱覽卷宗，掌握角度

被告不幸遭起訴後，因法院採公開審理，被告可聲請閱卷，以掌握案件全貌；而告訴人因非當事人，不能閱卷，僅能透過公訴檢察官，瞭解案件全貌，及被告於偵查所提的防禦內容。由於事實有很多面向，有所謂「告訴人事實」、「檢方事實」及「被告事實」等等，閱卷不僅可瞭解過去檢方辦案的角度，也可瞭解被告如何答辯，更可推知法官所知的案件內容，方便雙方攻防。

提出證據，謹慎表示

一審程序分為「準備程序」及「審理程序」。「準備程序」由一位法官進行，主要瞭解被告願否認罪、安排審理順序，並要求雙方提出證據。「審理程序」由合議庭審理，分「調查證據」及「言詞辯論」等等程序。《刑事訴訟法》修正後，理論上，檢察官或自訴人必須證明被告有罪，所以起訴書或自訴狀須表明被告「犯罪事實」及「證據清單」，包括證人及物證，且雙方須對他方所提證據表示意見。

對證據表示意見，可分為：有無「證據能力」、「關聯性」或「不得為證據」等。「證據能力」指有無具備證據資格；「關聯性」指證據與待證事實是否相關。此涉及法律專業，宜諮詢或委請律師表示意見。

訊問證人，技巧詰問

《刑事訴訟法》增修對證人進行交互詰問，此類似英美訴訟制度，可分「主詰問」、「反詰問」、「覆主詰問」及「覆反詰問」。理論上是要透過交互詰問來決定被告有無犯罪。不過，實際上是否如此，只有法官自己知道。而交互詰問程序繁雜，如果攻、守雙方不當詰問，他方可提出異議，法官須當庭裁定。面對法律專業的法官及檢察官，被告宜委請具豐富刑案經驗的律師擔任辯護人，以面對如此複雜的證人詰問程序。

二審覆審，關鍵戰場

調查證據程序結束後，法院會訂期辯論，讓攻、守雙方進行言詞辯論，隨即訂期宣判。不服判決的一方，可於收受判決翌日起二十日內提出上訴。上訴第二審為「事實覆審」，即二審法院必須全面重新審理被告犯罪事實、證據及法律適用，是澄清事實的關鍵戰場。理論上，第二審程序是準用第一審的程序規定，仍是被告與檢察官的攻、守作戰，但實際為法院與被告之間的溝通。如果二審始提出新的主張或證據，而沒有給予合理解釋，說明何以拖延到第二審才提出，則法官就較難採信。

法律三審，精準法條

不服第二審判決，可於收到判決後二十日內，提出第三審上訴。第三審屬「法律審」，是依第二審判決所認定的事實，審酌其判決有否違法，因此，上訴理由須具體指出二審判決有「適用法律錯誤」或「不適用法律」等違法。上訴理由應於提出上訴聲明後二十日內提出，當然，在第三審法院判決前，均可繼續補充上訴理由。第三審原則上採行書面審理，例外情形才會開庭，由於第三審僅審酌法律適用有無違法，宜委請專業律師辦理。

例外救濟，困難重重

經最高法院判決的案件即告確定，但《刑事訴訟法》設有兩種例外救濟制度，即「非常上訴」及「再審」。實務上，以此兩種制度提出救濟者不乏其例，但成功機會微乎其微。蘇建和案是主要經典。所謂非常上訴是指判決確定後，發現判決有違背法律之處，檢察總長可向最高法院提起。而「再審」是確定判決有事實認定錯誤，例如事後發現判決依據的證據是偽造的等等。聲請再審可依不同情形，由不同訴訟當事人提起。

❖其他程序

上述刑事訴訟制度，主要是以被告遭到調查及追訴為主。至於刑事案件的被害人，在提起刑事追訴時，可以選擇採取向檢調機關提出「告訴」，或向法院提出「自訴」的方式：

發動告訴，注意期限

被害人認為被告有犯罪嫌疑時，可向檢察機關、調查局或警察機關提出「告訴」。檢察官通常以「他」案辦理，等調查明朗後，有犯罪嫌疑且值得偵辦時，即改「偵」案偵辦。

刑事犯罪可分「告訴乃論」及「非告訴乃論」等罪。「告訴乃論」罪須有告訴人於期限內，合法提出告訴後，檢調始可偵查；「非告訴乃論」罪可由檢調主動偵辦。

啓動自訴，注意審判

被害人除可向檢調提出「告訴」外，也可以直接向法院提出「自訴」，但必須委由律師提出。自訴人在自訴程序，類似起訴檢察官的角色。

自訴人直接面對法院的審判程序，應承擔檢察官在審判程序中的責任，而必須提出「證據清單」，說明被告「犯罪事實」，責任較重。

防止誣告，善用附民

當被害人提出告訴或自訴時，常見被告為反擊，乃對被害人追訴「誣告罪」，使雙方互有攻防，期制衡被害人發動的戰爭。所以被害人在有把握之前，勿任意提起訴訟，以免身陷危機。

而所謂附帶民事訴訟，是指因犯罪受損的人，可於刑事案件第二審言詞辯論終結前，提起金錢求償。此制度最大的好處在於第一審免繳納裁判費，但一審法院通常於刑事案件審理完畢前，不會審理附帶民事案件。

15 行政訴訟～民不與官鬥

我曾經接受會計師的委託，為一家全球性企業的稅務問題，卯上了國稅局，且因此走上了行政法院。在聽完會計師與當事人的事實說明後，我研究了相關的法律爭點，發現國稅局竟然以七年後的市場現象，推論七年前的交易模式，並因此推論當事人有逃漏稅捐，乃裁罰高額罰金。

行政法院法官在訴訟過程中，不斷要求原告（即我的當事人）應舉證有利的主張內容，甚至還「協助」被告（即國稅局人員）主張，甚且對於引用的錯誤事實視而不見。而我的當事人因尚有其他稅務問題在與國稅局協調中，不願過分得罪該局，乃決定不與國稅局繼續抗爭。

《訴願法》及《行政訴訟法》是統管行政訴訟案件的技術法規，前者計一百零一條，後者計三百零八條。具體訴訟中，因案情不同，未必全然適用所有的規定，但實務運作上有共同原則，值得提出，以使讀者瞭解其精神，更熟悉「行政訴訟地圖」。

❖國家與人民間的糾紛

古有明訓：「民不與官鬥。」但在主權在民的思潮下，國家統治人民，人民或企業受政府不當處分而致權益受損時，可依《訴願法》及《行政訴訟法》提起救濟。理論上，雙方訴訟地位似乎平等，但實際上並不盡然。

不同於民事訴訟及刑事訴訟制度，在行政訴訟中，對政府不當或不法的行為，採「兩階段」的訴訟制度，即須先向政府的上級機關，提出「訴願」，如果不服該訴願決定時，始可向行政法院提起訴訟。理論上，看似保障了人民的權益，但實務上，其保護程度仍有待改進。

雖然行政訴訟制度改變過去只有最高行政法院審理行政機關的決定，增加高等行政法院的事實審，但由實際案件統計觀之，政府獲勝的機率仍然偏高，人民在面對行政訴訟時，不宜太過樂觀，若非必要，實無須「與官鬥」。

❖訴願階段難免官官相護

人民因政府部門不當行為而受損時，可對該政府部門的上級單位提出訴願。此訴願審查是政府自我檢討，由政府的「訴願審議委員會」審理，且由具法律背景的專家組成，並遴選社會公正人士、學者擔任。

公務員難免犯錯，人民爭取權益，不僅可有效監督政府，更能積極促使政府提升效率。但由於法令多如牛毛，提起訴願前，有些法令要求需先踐行所謂「前置程序」，如稅捐糾紛，必須先向原處分機關申請「復查」，否則訴願機關可駁回訴願聲請。

不同於其他訴訟法的規定，《訴願法》要求訴願書應記載訴願人姓名、出生年月日、住居所、身分證明文件字號，且應附上「政府處分書」影本，載明知道或收到日期。為避免審查機關藉詞駁回，訴願人宜注意程序規定。此外，訴願機關以書面審查為原則，訴願人更須「防止黑箱作業」。

理論上，訴願機關可要求訴願人到場說明，而訴願人也可請求到場陳述意見，如有正當理由，訴願機關不得拒絕，但何謂正當理由，法律未說明，訴願人宜隨時與承辦人電話溝通，以免收到突擊性的訴願決定。

❖行政訴訟由法官掌全局

訴願決定難免有「政府是球員兼裁判」的疑慮。不服訴願決定者，可以提起行政訴訟，理論上，人民與政府處於平等地位，展開攻防，但實際上，行政法院常以「公益目的」，主動介入，「保護政府機關」的意味濃厚。

提起行政訴訟，先前無須繳納裁判費，然近日已修正，須繳納一定金額的裁判費。法院採言詞辯論，雙方必須到場辯論，但實務上，常見法官不太為難政府代表，對其無法提出的法律主張常會「點到為止」；而人民即不易受此「優惠」，且人民必須「適時提出」主張；遲延訴訟、重大過失、故意不提出的主張，法院可不採納當事人嗣後「遲到」的主張。

行政訴訟採「二級二審制」。不服高等行政法院判決，可於收到判決書後二十日內，向最高行政法院提起上訴。高等行政法院採言詞審理，為「事實審」，最高行政法院採書面審理，但法律關係複雜、涉及公益或重大影響當事人權利義務時，可例外辯論，其為「法律審」。

原則上，最高行政法院以高等行政法院認定的事實為基礎，審酌其判決有無違背法令，即所引用的法規不當或錯誤、判決理由不完全或矛盾等。提起上訴時，如果未同時提出上訴理由，可於提起上訴後二十日內補提。

16 瞭解案件事實～見山是山，見山不是山

「橫看成嶺側成峰，遠近高低各不同，不識廬山真面目，只緣身在此山中。」蘇軾的詩詞中，不僅描寫了廬山自然的美景，同時也道出了不同角度看事情的不同結果。從文學的角度來看，是富有詩情畫意的情境，但從法律的層面，也說明了「事實與真相」的差距。

曾在一家上市公司演講時，玩了一個小遊戲：我拿著演講專用的「小燈筆」，請教在場的人這是什麼時，竟然沒有人敢回答，直到有三分之一的人說是「筆」，其他三分之二的人仍不敢回答。而事實上，「小燈筆」只是徒具筆的外形，根本不具書寫的功能，因此，說它是「筆」顯然與真相不符。

這說明了一般人平時所知、所見或所聞，不一定是事情的真相，甚至平時視為理所當然的事情，也可能只是一己的「偏見」，未必是「事物的真相」。如果在遇到緊急狀況或處於緊張情緒時，更是無法期待一般人能冷靜地說出事情的真相了。

❖真相vs.事實

如同看一幅畫中畫，如果不仔細看，可能無法發現畫的含意。一般人常以自己所見、所聽或所悉，去解讀一件事物。姑且不論是否客觀，對於同一件事物，由不同的角度觀察，可能得到不同的結果。所以，真相是如何，未必是一個人親眼所見，即可以決定。如果以「瞎子摸象」的故事為喻，大象即是所謂的「真相」，而柱子、水管或牆壁即是所謂的「事實」。

不論真相是否由許多事實組成，由於時光一去不復返，回復真相誠屬不易，在瞭解真相前，也許要耗費很長的一段時間，挖掘許多事實，反覆驗證，客觀地掌握所有事實。當然，提供相關事實的資料文件，是協助瞭解客觀真相的重要依據。辦理法律糾紛尤須瞭解此精神。由於法律訴訟糾紛是針對過去所生的問題，尋求解決之道，因此，發現問題原委猶如醫生瞭解疾病的遠因及近因一樣，是很重要的步驟，但當事人可能像病人一般，無法將過去的事件一五一十地說明清楚，所以在處理當事人的法律糾紛時，只能盡可能地發現與真相相近的事實。

❖事實的種類

「公說公有理，婆說婆有理」，爭論的雙方常一廂情願地強調一己之見、一己之私，雙方毫無交集。同樣地，訴訟糾紛的雙方也是如此，如果雙方的看法完全相同，則不可能產生糾紛；反之，就是因為雙方見解不同，對事實解讀不同而造成歧見，因此產生訴訟，故有所謂的「己方事實」及「他方事實」。

當法律訴訟開始後，由訴訟雙方在法官面前提出「己方事實」及「他方事實」，一旦法官作成判決或檢察官作成處分書後，即有所謂的「法官判決事實」及「檢察官處分事實」。該等事實未必是雙方均可接受，所以雙方都可能提起上訴或再議。

同理，如果一件法律訴訟案件已經一審、二審及三審法官審理後，則各審法官判決所認定的事實，就成為所謂的「一審法院判決事實」、「二審法院判決事實」及「三審法院判決事實」。如果有證人作證的案件，證人所認知的「事實」，也未必全然與他人相同，所以另有所謂的「證人事實」。

因此，處理法律糾紛事件，必須瞭解在不同階段，會有不同階段的事實呈現，因此在處理糾紛事件，不可以一概而論，應掌握該事件所有「事實」，以免失之精準。

❖灰色地帶

在雙方各自主張的己方事實與他方事實中，可能是對某文件的解讀角度不同，也可能是對某事物的看法不同，無論雙方主張的內容有多大不同，對於文件或事物的存在可能無太大歧異，但灰色地帶常是無法以證據文件證明的。

通常灰色地帶是糾紛雙方爭執最激烈的地方，也常是糾紛事件的核心。因此，它考驗著律師的口才、法官及檢察官的智慧，更是決定法律訴訟的勝負關鍵。如何將灰色地帶呈現為有利於己方的角度，是項高難度的技術，也是門藝術。

人們常指律師把「黑的說成白的，白的說成黑的」，甚至因此憎恨律師，這可能就是因為律師處理的「灰色地帶」不合己意所造成。處理灰色地帶的問題，必須掌握事理之常，不可偏離所謂的「經驗法則」或「論理法則」，如此較容易說服法官或檢察官，進而獲得有利結果。

不論是當事人自行處理訴訟事務，或是委請律師辦理，在處理案件時，必須完整釐清糾紛事件的灰色地帶，並思考可能的說法，以使當事人的事實更加趨近於故事的真相。

❖發掘真相

掌握訴訟事實有個方法，就是「見山是山，見山不是山，見山又是山」。

「見山是山」，乃指初始見山，得知山的形貌，猶如嬰兒學步，興奮又新鮮，小心翼翼。也就是說，初始聽聞當事人的事實，忙於記錄，更要消化，這時只是見到「山的外形」，不知其內涵為何。

其次，「見山不是山」，乃指進入山中，只見山中水流、樹木及小路，不見全山，猶如嬰兒學步跌倒，思索如何精進。也就是對當事人提出的事實，解析文件、冷靜思考後，提出質疑、挑戰，展開驗證，從經驗法則與自然脈絡，檢視當事人所言是否合乎常理，瞭解其內涵。

「見山又是山」則是由山中出來，再回顧山的全貌，更加瞭解「山」，猶如小孩已經腳步站穩，信心往前。亦即對當事人的事實，解析其所提的人、事、時、地、物後，再次反思當事人的事實，會有另一番的解讀，或許更加趨近於真相。

17 重回事件原貌～人、事、時、地、物

過去二十年中，面對所負責的訴訟事件，我一直深信：「吾心信其可行，則移山填海之難，終有成功之日。」在辦理訴訟案件的過程中，不管是當事人自行處理，或交由律師代為處理，我確信處理訴訟的基本態度，是決定訴訟勝負的主要關鍵之一。事實上，不管從事任何事，態度都是決定事情能否圓滿的重要因素。

「回顧過去」，不論是好事或壞事，都存在著某種程度的感傷，也因此許多人不願重回事件原貌。但如果是無可避免地得面對訴訟時，當事人宜正視問題，以積極的態度，一一檢視過去的事實，才能達成訴訟成功的目的。

沒有事件的真相，就無法做出正確的訴訟決策；沒有掌握事件的背景，更難精確地評估事件真相。真相是由許多片段的事實所組成，片段事實如果沒有正確的組合，絕對無法有效掌握真相。所以，「重回事件原貌」是訴訟成功與否的首要工作，當事人絕不宜省略此步驟。

❖由最有記憶的問題入手

當事人在面臨可能的訴訟糾紛時，不論是想告人的原告，或是即將挨打的被告，都不太可能思緒正常，所以就問題的全貌、原委或可以採行的做法，常是手足無措。所以，當事人可尋求律師的專業意見，而律師應以「領航者」的角色，帶領當事人瞭解真相。

首先，不論問題如何複雜，或如何無頭緒，可以從最有記憶的問題中，就其記憶所及的蛛絲馬跡入手。針對該記憶的內容，以「人、事、時、地、物」等任一方面，與律師對話或自我反思，循序漸進地與律師以「問答」或「自問自答」的方式，盡可能地挖掘事實，以最有記憶的問題為核心，勾勒出事物的全貌。

如果當事人尋求律師的協助，則律師對於當事人所提出的說明，首應判斷是否合乎常理，不宜照單全收。對於當事人所提的內容，必須要求當事人提出書面文件，以求確認。畢竟，寧可在一開始多花一點時間與當事人溝通，也不要等到訴訟開始後，才因對方提出我方事先不知道的事實，以致無法招架又回頭瞭解。

與律師會談，除可盡量客觀地發現事實外，有另一個好處，即是針對當事人所提出的事實陳述，律師可以以旁觀者的角色，評估當事人是否有所隱瞞，或可重建當事人可能遺忘的一些重要事實，或忽略的部分細節。甚至，當事人往往因當局者迷，無法判斷什麼事實對案情來說是重要的，透過律師的帶領，可以不斷發掘事實，呈現事情真相。

❖以「時間」先後建立大事記

既然真相是由許多片段的事實所組成，且該等事實必有發生的來龍去脈，因此事實的發生與匯集，必有時間先後的發展時序。由於當事人的記憶不可能如電腦般長期可供存取，而是很容易遺忘，且其身處暴風中心，所言內容不僅片段，還可能雜亂無章，這時宜返回時間的洪流，一一檢索事情的經過，盡可能地重拾記憶。

基此，當事人可以用「心到」與「手到」的方式，建立以時間先後為本的大事記。由時間先後，以「事件發展」的過程，地毯式地組合所有事實。如果能愈細膩地組合時間事件，則愈能趨近真相，也就對選擇訴訟的圖畫角度愈有助益。

我曾經辦理一個事實相當複雜的案件，該事件包括當事人與對方的往來信件及相關報告，多達三、四個大卷宗，雖當事人整理文件的工夫非常細膩，但由於事件過於複雜，我乃以「大事記」重回事件原貌，結果發現一封「保命信件」。原來，對方在一份重要報告出爐前，竟已發函通知當事人，而此顯然違反其報告的公正性。我即在上訴審中一再引用該信函，說明對方的不良企圖，最後終能反敗為勝。

事件的大事記並不限定只有一個。由於事件的發生與過程，可能包含不同的事件內容。為了「重建現場」，就可以建立多份不同功能的大事記，相互比對，以發現真相。

❖勿迴避問題及弱點

爭執雙方未必全然都是有理，否則即無需訴訟。而爭執的事件或許存有灰色地帶，但此灰色地帶可能包括當事人有意遺忘的弱點或企圖迴避的問題，如果不勇敢面對，好比生病不敢接受醫生檢查，或不敢對醫生說出病史，不僅無濟於事，反而有害身體。

訴訟既是戰爭，我方的弱點如果是對方所不知悉的，當然無須「自暴其短」，但如果是自己一廂情願地隱藏，或一廂情願地認為對方不知道，則只是「鴕鳥心態」，不利於情勢。所以，面對可能的訴訟作戰，要有面對自己弱點的勇氣，絕不可迴避問題，以免誤判情勢，使事態更加惡化。

「面對弱點」與「對外呈現弱點」，是不同的面向。「面對弱點」，只是瞭解弱點，並積極地思考一旦弱點曝光時，該如何因應，先做好心理準備，甚至積極地防止其曝光。此做法與「對外呈現弱點」完全不同，當事人不宜「自曝弱點」，但絕對必須「掌握弱點」。

瞭解弱點，掌握弱點，是爭取訴訟主動權的積極表現。由於知道自己的弱點，就會促使當事人更加積極地採取主動，好掌控訴訟戰爭全局。同時，在特殊情形下，如與對方弱點相較之下，我方弱點較不具殺傷力，在要打擊對方弱點時，也可考慮提出。

❖正確評價事件發生的時空背景

訴訟主要是處理過去的糾紛事件，所以，「重回事件」是評估訴訟勝負與決定策略的必經過程。但是，在重回事件時，一般人常會以現在的時空背景為基礎，去評斷過去事件的好壞，卻忽略了事件發生當時與現今時空背景的差異，造成處理事情的偏差，嚴重者，甚且會自覺理虧。

當然，如果因自覺理虧而承認錯誤，放棄訴訟，或願意吃些虧，好維持和諧，也不失為一樁美事。但如果因自覺理虧，反不知在訴訟中自我防禦，造成訴訟失利，則屬不智。所以，在重回事件真相時，不僅必須掌握事件的事實全貌，更要正確還原事件當時的背景狀況，以作正確的評價。

我曾經處理一件外國人遭一審判決兩年有期徒刑的上訴案件，當我看完所有卷宗後，發現判決所述內容並無錯誤，但該案件並未考量事件發生時的背景「企業併購」。最後，在我重新還原事件當時的發生背景後，上訴審法官乃改判該外國人無罪。

18 策略規畫～借形造勢，以勢制敵

《三國演義》是兒時最愛聽的故事。諸葛孔明、關雲長及張飛，各代表了不同性情的人。諸葛孔明足智多謀、關雲長義薄雲天、張飛膽識過人，三人集結成就不少精典故事。諸葛孔明的「草船借箭」、「空城計」是大夥耳熟能詳的故事，它們之所以吸引人，就在他利用了有利的局勢，克服了不利的因素，成就了美好的目的。同時，這也說明了以智取勝、以寡擊眾、以少勝多的可能性。

訴訟雖如同戰爭，但其不同於真實戰爭，無需人海戰術、打殺流血，而是雙方「逞口舌」、「打筆戰」及「比智力」。因此，縱使沒有多的人手、沒有孔武有力的人，只要方法用對，也能嚐到勝利。

知悉法律地圖，掌握事實全貌後，於訴訟開始之前，就要擬好策略。訴訟策略是有效達成訴訟目的的前提，也能有效控管執行步驟。訴訟策略無一定標準，且因時、因地、因人及因事而不同，但其方法與技巧，有著以下的共通原則。

❖訴訟佈局如戰爭發動

「策略」（Strategy）一詞源於希臘文，是指策畫並進行戰爭的技巧，有些類似「調兵遣將」或「兵法」。法律訴訟猶如戰爭，在發動訴訟前，宜做好訴訟佈局。

訴訟佈局包括兩個階段，第一是訴訟的規畫，第二是訴訟的執行。規畫與執行都相當重要。以拿破崙攻打俄羅斯的戰爭為例，其戰爭規畫或許很卓越，但在執行方面卻得到相反結果。所以，訴訟佈局中，所做的規畫與所訂的執行必須相互呼應。

事實上，當事人所欲達到的目的，未必與其所述的事件發展相同，而訴訟可否達到其目的，也必須經過精心策畫，否則，所謂「遲來的正義非正義」，或許最後能夠達到當事人初始的目的，卻已是人事全非，不具任何意義。所以，訴訟佈局尤須審慎。

訴訟發動的角度，猶如戰爭開始的第一炮，不僅展現我方氣勢，也決定了能否牽制對方。所以，訴訟攻擊方所提出的角度，或訴訟防禦方所展現的面向，決定訴訟的成敗，也決定訴訟的進行快慢。在訴訟提出前，宜思考多套攻擊或防禦的策略，以有效掌控訴訟戰爭。

❖訴訟表達如電影呈現

大陸法系的我們，訴訟結果不是由陪審團決定，而是由法官決定。訴訟過程好比上演一場法律電影，由訴訟雙方與律師分任主角，但觀眾只有法官，且法官對此電影的評價，即決定了何方為最佳主角。

訴訟表達，雙方各顯神通，善用「腳本」並發揮「演技」，以爭取法官的青睞。理論上，雙方腳本內容應屬真實，但實際上則未必，只要「投法官所好」，寫出法官想看的書狀、說出法官愛聽的內容，搭配良好的「演技」，應可取得不錯的成果。

觀眾絕不會想看一齣沉悶的電影！訴訟雙方如果真切體會此點，將有不同的態度來面對訴訟，而其表達方式也將有所不同。法官是人，有感觀好惡，面對具法律專業的「觀眾」，上演一齣法律電影，訴訟雙方焉能不使出渾身解數。

尤其，此「觀眾」主導電影上演的開始、節奏、暫停、倒帶及結束，且其想看多久，即可要求雙方表演多久。所以，訴訟雙方必須準備充分，以便應和法官的口味與需求。

❖訴訟進行如電影畫面

訴訟進行主要有開庭、提狀、辯論等等。在開庭之前，法官會透過書記官，要求雙方提出書面陳述，之後再安排開庭。庭訊後，如有必要，仍須補提書狀，以方便法官瞭解及記憶。訴訟進行雖操之在法官，但訴訟內容仍操之在訴訟雙方。

面對開庭演出的機會，通常要先行準備書狀，以方便法官瞭解案情，並爭取我方優勢，而法官觀眾會隨「主角演出內容」，隨時做出評價。因此，此法律電影上演的畫面，就必須好好規畫，順敘法、倒敘法或插敘法，各有其優缺。

不論採用何種陳述法，必須確保訴訟內容是有層次、有邏輯、有前後，容易令人理解的。如果訴訟內容必須由法官觀眾代為整理，除非該觀眾心情好，或恰逢喜事，否則大多是凶多吉少。

因此，猶如電影導演必須完整規畫整部電影的中心主軸、多少場景、如何取景、主角出場等等，訴訟之始，訴訟雙方均應思考訴訟全局、開庭幾次和提出書狀，並於訴訟進行中，隨時檢視是否有照表演出，以期評估成果。

❖美好訴訟如美麗圖畫

一部電影能夠膾炙人口，或許是因為內容引人入勝、劇情感人落淚、風景吸引觀眾，或者音樂餘音繞樑，總之必是有「可取之處」。當然，如果能集上述優點之大成，必定形成一幅美麗圖畫。

訴訟成功也必是集「天時、地利、人和」之大成，可以想見的是，所有的主張和陳述，均獲「法官觀眾」的肯定，在其心中留下一幅美麗的圖畫。如何做到，除了內容要言之有物外，陳述方法要引法官入勝，如果能使法官「心有所感」，肯定正義的一方，成功就非你莫屬。

當然，訴訟之始無法知悉法官好惡，即使開庭之後知道法官何人，所準備的腳本也未必能投其所好。因此，訴訟中隨時調整圖畫色彩確有其必要，不可一成不變，強令法官接受原來的色彩。當然，圖畫的基本佈局及架構不能改變。

如果不幸，巧遇難以溝通的法官，即須做好「置入性行銷」，無所不用其極地告訴法官，你的電影如何好看，你的圖畫如何美麗。在盡人事、聽天命的前提下，最壞情形只得尋求上訴，找尋下一位法官知音。

❖多層防線以保持戰果

如同戰爭講求多層防線，訴訟最好也能照此要領。訴訟不是單方表演，而是與對方相互攻防，既然無法完全掌握對方的攻勢，只好反求諸己，做好萬全準備。

防線的設置，可立基於事實層面，也可立基於法律層面，就好比作戰前要做好陸海空的防線一般。事實層面的防線，主要是區分事實，將不同層面的事實依時間先後提出，但要慎防內容矛盾。至於法律層面的防線，如果自知非法律專家，宜請教專業律師。

不同防線猶如不同版本的電影腳本，不僅為因應對方可能的攻擊，也防範法官的不同要求。在民事、刑事與行政等三種訴訟上，由於法律所採行的訴訟制度不同，有不同的操作方式，但上述基本防線原則是相同的。

19 訴訟辯論之計～因勢利導，順勢而為

記得小時候的國文課本裡，有篇描寫「魚兒逆水上游」的故事，故事內容是勉勵人們該奮勇向上，不要畏懼任何困難。不過，在訴訟的過程中，似乎不宜以此為標竿。訴訟不是人生必經之路，它猶如疾病一般，當不幸碰上時，只要有及時解決的良方，又何需從中磨練心智，否則恐在心智尚未磨成時，早已一命嗚呼！

「順水」可藉由水之勢，達成事半功倍之效。「順水推舟」乃自古明訓，用於訴訟是上好良方。訴訟如同戰爭，講求不戰而屈人之兵的最高境界，因此，順勢而為，快速取得勝訴結果，也就是訴訟的最高指導原則。

「逆勢而為」或可成就英雄，或可成就大事，但非必要，無須於訴訟中展現此風範。一般而言，訴訟目的只想獲勝，遠離不必要的糾紛，所以在處理訴訟事務時，宜順勢而為，尤其對於各項具體操作，應思考如何「因勢利導」。

❖掌握先機，創造優勢

訴訟既是戰爭，何方先掌握先機，就比較能控制全局，但是訴訟千變萬化，過程中如果有犯錯或小瑕疵，恐將遭對方窮追猛打。所以，不論是原告抑或被告，均須全力以赴，阻擋對方的氣勢。

事實上，訴訟是雙方的角力，不論是天平的何端，不論身處什麼樣的地位，只要把握每個細節，都有取得先機的可能，但也可能隨時失去先機。所以，任何一方都應隨時隨地，創造對自己最有利的空間。

此外，就算處境不利，輸的機率較大，也不能在過程中顯出「敗相」，縱使輸面較大，也要有少輸為贏的信心與決心，以隨時創造相對優勢。

掌握先機，創造優勢，然後再加上乘勝追擊，才能創造優勢。但必須慎防對方欺敵，以免中計，而且切記絕不能恃勝而驕。

❖順勢而為，逆勢操作

不論做任何事，順勢而為總能夠事半功倍。訴訟也是如此。因勢利導，乃藉力使力是也。在取得先機，獲得法官青睞後，開庭辯論就不用再火上加油，以免法官改變心態。此時，宜以靜制動，由法官與對方「辯論」即可。

當局勢有利時，意味法官是傾向我方的，表示我方所提的訴訟爭點或主張，已為案件重心，此時訴訟動作不宜過大，只要被動出手，靜觀法官與對方戰局。除宜少言詞外，更不宜再提書狀，以避免引起法官不必要的聯想。

反之，如果局勢對我方不利，仍不宜妄下斷語，若時間不緊迫時，多觀察一、二次開庭，以確立法官態度，以免因誤判，造成遺憾。當然，如果局勢混淆不明，更不可衝動，必須再提出多次「測試彈」，例如強調我方主張，以細察法官反應或對方動作。

倘若局勢確實不利，必須冷靜評估不利之處，並思索不利的後果為何，分析不利的程度，以評估「逆勢操作」的手段。當然，最不利的狀況是「敗訴判決」，但也要評估判決理由為何，於上訴時可否立即翻案，如此可試圖引導案件走向，以降低不利風險。

❖言詞辯論，當機立斷

言詞辯論，考驗反應，更考驗口才。面對法官質問、對方攻擊，不僅要避免動怒，更須保持冷靜，以便做出適當的回應。在無法預知法官的可能問題下，只能反求諸己，先固守我方主張。故在言詞辯論時，不論法官或對方的問題為何，都要盡可能地「拉回我方主張」。

其次，一旦法官或對方提出問題後，必須立刻評估「為何有此問題」、「此問題目的為何」、「可能的答案是否不利我方」等等，當機立斷，予以回應。如果不知道如何回應，較保守的回答是：「嗣後以書狀補陳。」縱使留給法官不好印象，也比回應錯誤好。

再者，言詞辯論雖是訴訟雙方在法庭上的攻防，但事實上，主要是當事人與法官之間的溝通，也就是「無所不用其極」地遊說法官，使其相信我方的主張。所以，不要搞錯對象，而以對方為溝通對象。

言詞辯論無一定章法，主要既是與法官的溝通，則在與法官「面對面」時，就應盡可能地瞭解法官的想法和對方攻法，尤須確定法官是否完全瞭解我方的主張。善用每次開庭機會，在言詞辯論過程中，不斷地傳達我方主張，加深法官印象，絕不可有「好話不說第二遍」的心態。

當然，法官在開庭時也可能會打瞌睡或心不在焉，此時，不宜一股腦地提出我方全部的主張。可以提高音量、停止辯論，或針對同一爭點反覆說明，以測試法官是否已聽懂我方主張。

言詞辯論或可「照表演出」，但有時仍有無法預料到的問題，此時，未必都能做出正確的判斷。如果判斷錯誤，不幸激怒法官，可立即道歉，但須「不失原則」，且以不影響我方主張為基礎。如果不幸激怒對方時，則可靜觀其反應，瞭解其為何發怒，以期發現對方「罩門」，加以「窮追猛打」，當然，仍須注意法官反應，不宜得意忘形。

❖書狀陳述，策略佈局

書狀雖無格式限制，但由於白紙黑字，容易引為佐證資料，內容宜審慎撰寫。較無把握的主張，宜多留三分，不宜說得太滿，以免未來出現不利的事實時，毫無迴轉空間。

書狀陳述，宜以事實為基礎，詳細陳明立場，必要時，可以「大綱」、「本文」予以分類，甚或以「章節」、「細目」來區分問題，使其一目了然。尤其，盡量不要以手稿方式呈現，避免與法官玩「猜字遊戲」。

對於雙方書狀所主張的內容，法官須於判決書中交代其「法律上看法」，如果未做到，依法可以上訴到最高法院，所以對於自己有利的主張，要鉅細靡遺地陳述，而法官如果欲判我方敗訴，則須詳細說明其不採我方主張的理由。

撰寫或提出書狀就要先做好佈局，在「話留三分」與「詳細鋪陳」之間，有很寬廣的操作空間。每審書狀有不同撰寫策略，一審書狀通常是「事實」主張；二審書狀則輔以「批判」或「贊同」地院理由；三審則須以「二審判決違背法令」為由。

20 訴訟的過程與決策～隨機應變，當下決策

小時候常與同伴玩「過五關」的遊戲，最討厭的就是來到必須選擇走上面或是走下面的「十字路口」。當選定後，又可以輕鬆地繼續往前走。但是，一旦所選擇的路走到「死胡同」時，心中又不免懊惱。每當面臨抉擇的路口時，很想停下，不做任何選擇；但是，果真如此，就絕對到不了終點，遊戲也就永遠停留在那。唯有做出選擇後，遊戲才能繼續下去，也才能定出勝負。

訴訟開打後，也是相同的感覺，必須在每一個當下做選擇時，就好比來到遊戲的「十字路口」，不用後悔，也不用高興，因為那是必經的過程，也只有勇於面對，才能繼續往前行。訴訟過程的抉擇，不像遊戲般直接，縱使選擇錯誤，也不會面臨無救的死胡同。畢竟，天無絕人之路。

訴訟活動多樣且隨時變化，難免面臨多種選擇，而且需要做即時抉擇。訴訟決策無所謂好壞，只有必要與不必要。「決定」將影響未來訴訟走向，故有審慎處理的必要。

❖訴訟是動態過程

訴訟程序的規定不變，但訴訟內容千變萬化，尤其言詞辯論過程，更是雙方激烈交鋒的時刻，稍有閃失，可能一敗塗地。而書狀陳述，雖不如言詞交鋒，但如果未字斟酌，留下書面紀錄，恐不易改口。所以，動態的訴訟過程宜小心操作。

處理各訴訟活動，不可一成不變，尤其在處理書狀上，原告與被告的操作技巧並不相同，且言詞辯論的方向上，原告與被告的應對更是大不相同。同時，民事案件、刑事案件及行政案件的處理方法，也有所區別，絕不能「以不變應萬變」。

訴訟雙方各有不同的策略，加以法官掌控訴訟進行的全局，各方都各有盤算，不可能任由我方操控，因此，訴訟中只能盡可能地爭取主動權與發球權；甚至，將三方的相互「對峙」，轉變成法官與我方「同一陣線」，營造僅「二方對峙」的局面。

切記，訴訟案件通常為三審定讞，第一、二審成功，不代表訴訟已成功，必須是第三審確定，才是真正勝利。所以，在取得第三審判決確定前，須審慎操作所有訴訟活動，不可輕忽。

❖實體與程序並重

就整體訴訟而言，遵守程序與爭執實體同樣重要，缺一不可。訴訟程序的進行操之在法官，訴訟的實體內容操之在雙方。訴訟的實體內容雖然很有理由，也必須靜待法官決定是否進行，不可操之過急，否則必得反效果：輕者，擱置等待辦理；重者，判決敗訴，另謀上訴一途。

訴訟中，實體與程序可相互運用，如實體內容不堅強時，可於程序上，要求調查證據，延長訴訟時程，藉以厚實實體內容；反之，程序進行過於急速時，可加強實體內容，期使法官多加調查，藉以延長程序。

實體與程序並重，就法律規定而言，有其不同的遊戲規則，舉例來說：民事，應注意《民法》及《民事訴訟法》；刑事，應注意《刑法》及《刑事訴訟法》；行政事件，應注意行政實體法及《行政訴訟法》。訴訟案件的成敗，須全面注意相關法律。

❖有理不一定會勝

雖說有理走遍天下，但訴訟上，有理不一定會勝。簡言之，實體與程序操作成功，訴訟必定成功，但訴訟成功未必是「實體有理」，有時利用訴訟程序的規定，也可以獲得勝訴判決。

民事訴訟採「當事人進行主義」，當事人不主動提出主張，法官無權代為主張。而且「舉證責任之所在，敗訴之所在」，只要背負舉證責任者，就得承擔較大的敗訴風險。因此，訴訟雙方宜盡量將舉證責任「推給」他方，能做到這一點，訴訟即成功一半了。

刑事採「罪刑法定主義」，刑事被告在被證明有罪之前，均須推定為無罪，但實務上，似乎未完全實現此理論。《刑事訴訟法》已經採行「修正式當事人進行主義」，並進行「交互詰問」，刑事被告可以多利用，以爭取自身權益。

行政訴訟雖已改成「行政一審，法院二審」制，加強了法院審查行政機關的不當行政行為。但實務上，常見法院判決行政機關違法，並發回提請行政機關重新做出「行政處分」時，行政機關卻有意拖延，或無視於法院的判決，以致當事人雖有理，仍無法實現其權益。

綜上，不論是否有理，對於每一個訴訟案件，必須在不同的情況下，做不同的處理，有時甚至必須「以非常之手段，達到非常之目的」。所以，靈活應用訴訟手法，重視實體與程序，且注意每一環節，是獲得好結果的最佳保障。

❖決策在每一個當下

統一企業集團董事長羅智先曾接受雜誌專訪表示：「對經營管理者來講，最大的挑戰在於，在很多不確定的因素中必須做個決定」、「有時即使是壞的決定，也必須去做，因為你不能沒有決定」、「我們並不是追求一個最好的決策，只是一直在避免做一個比較不好的決策」。這些話道出了決策的重要性與必要性。

訴訟過程需要抉擇，尤其每次開庭時都面臨許多當下必須做決定的處境。如果之前沒想清楚，而不敢在當下做決策時，可能會影響法官的看法，或令對方有機可乘。事實上，在須做決策時不做決策，也是一種決定。所以，在訴訟開始前，宜做好萬全準備。

「多想未來三步」是萬全準備的方法之一。當然，對於法官每次開庭時所訊問的內容，未必都能預想到，不過無論面對法官的問題或對方的攻擊，只要冷靜、謹慎處理，任何決策都有其意義。事實上，訴訟中的決策，常是利益權衡下的產物，沒有絕對的對錯，只有不同程度的利弊而已。

❖不後悔地往前行

決策或有閃失，不過要盡量避免因一次決策的錯誤，影響到下一個決策。畢竟，每次決策的總和，才是真正的勝負底定。單次決策的正確與否，並不當然等同於最後的整體決策。要有堅定的意志，冷靜的頭腦，並隨時有撥亂反正的準備。

在訴訟中，不管當下情形如何，實不宜花費時間在不必要的檢討上，以免影響接下來的訴訟動作。當然，適時的檢討改進，是策勵未來的基石，但任何影響訴訟進行的「回顧」，應於訴訟中避免。

樂觀、不後悔地往前行，是給予訴訟者的最大鼓舞與安慰。縱使訴訟過程的決策未能依原先定好的方向而行，也不可因此「懷憂喪志」，只要掌握中心主軸，善用策略，都能達到目的。轉個彎，再次往前行，所謂「天無絕人之路」，相信柳暗花明，希望必定來到。

21 靈活操作訴訟技巧～格局，佈局，步局

小時候與父親玩象棋時，印象中從沒有贏過，如今與兒子玩圍棋，也從沒有贏過。下棋考驗著一個人的思慮及佈局，當彼此陣勢擺開時，每一步棋都會影響戰局。當時與父親下棋時，為求不敗，乃跟著父親的腳步而行。父親走「車」，我也跟著下「俥」，父親走「卒」，我就跟著下「兵」，但結果仍是父親技高一籌，因為他知道如何佈局；而今，兒子喜歡下圍棋，拜師學藝後，也同樣設局讓我陷下去！

訴訟也是兩方對峙的戰爭，只是它沒有明顯的棋盤，無法讓你有所依循，如何佈局、步局，只有在腦海中抽象地思考著。當然，如果可以像下棋一般，在訴訟過程中，多想幾步，猜猜對方將出的招數，並加以防範，必可掌控全局。

訴訟原則引進門，也待有志者自我修行。靈活思想，活用原則，才能「以萬變應不變」，也能「以不變應萬變」。無論如何，戲法人人變，巧妙不同而已，勿固守成規，僵化手法。

❖勿僵化思想

「思想產生信仰，信仰產生力量。」聖經上說：「一生的果效，由心發出。」凡此都說明了「思想」是主宰成功與否的關鍵。訴訟固然必須遵循一定的程序，但不可因此成為僵化思想的藉口。

法律規定有所謂「合法行為」、「不合法行為」、「法律未規定的行為」、「法律未禁止的行為」、「法律未限制的行為」、「違法行為」、「犯罪行為」等等，均有不同效果。所以，解讀法律，切勿望文生義，以致束縛思想，畫地自限。

記得曾有當事人問我，證人可否委請律師陪同？法律並未規定，但由證人本質而言，因其乃就所見所聞陳述，理論上是不能委請律師到庭，但既然法律並未明文禁止，實務上就有可操作的空間，端視當事人的目的及該證人的特性而定。

當然，活潑思想必須以瞭解法律限制的界線為前提，在法律允許的範圍內，靈活操作。此時，律師提供的法律意見良否，即決定了可操作的空間，所以宜多方尋求，以求客觀精準。

❖勿視為當然

常有當事人問到說，刑事公訴罪可否撤回，律師的回答常是否定，此回答固然合乎法律規定，但實務上，公訴案件仍常見有撤回的情形。此說明了法律規定未必只有一種操作方式。所以，不必將法律規定「視為當然」，可以多面向尋求解套之法。

事實上，當事人的上述問題，其真意通常是：提起刑事訴訟後，雙方可否嗣後和解。由於當事人不具法律專業，所提出的表面問題未必符合其內心真意，律師接受諮詢時，必須探求其「真意」，而當事人也須注意表達，否則，法律多如牛毛，單以字面解釋，當事人的問題可能是無解。

再者，由於實務制度所致，目前地院法官、檢察官常是大學法律系畢業，無太多社會歷練，因此，適時提供「社會教育」給司法官，可有效爭取到許多「看似當然，實則不然」的法律空間。

法律是社會的遊戲規則，只要是規則，就可以改變。五十年前的法律，絕非今日的法律，可見法律規定也須因時、因地及因事制宜。雖然有謂「惡法亦法」，但如果真是惡法，就應要求更改。因此，如果遭遇很不合理的「法律對待」，可以考慮爭取修法，不宜將法律視為當然。

❖勿侷限格局

鴻海郭台銘董事長曾言：「格局，佈局，步局。心有多大，舞台就有多大。」意指格局大小，決定做法與成果大小。訴訟手段也是如此，如果畫地自限，操作上會倍感困頓；反之，則有海闊天空，任你翱翔之感。

曾有當事人困擾於有些事情無法言明，遭對方猛攻，而苦無應對之法。我建議他考慮「另闢戰場」或「轉移視聽」，之後他豁然開朗，歡欣離去。事實上，每件事都有「一體數面」，只是有些尚未發現，轉個彎時，可能有另一番看法。

所謂「當局者迷」，訴訟當事人身處訴訟漩渦，未必能適時跳脫，無法客觀地分析問題，限制了格局與思緒。所以，當自覺身處漩渦時，宜盡速聽取他人的建言，勿因「面子問題」，阻礙取得客觀意見之機。

訴訟格局定位，主要涉及當事人的訴訟目的，如果格局愈大，目的愈寬廣，可操作空間則愈大。民、刑事訴訟有其不同目的，但可相互運用，而民事保全程序（假扣押、假處分）也是可利用的手段，可在所定的格局內，靈巧運用。

❖勿捨本逐末

捨「本」逐「末」常無法達成目的，然而，「本」與「末」乃為相對概念。訴訟目的乃訴訟之本，然而具體訴訟的「本」與「末」，常隨訴訟動作的變化，有不同的改變，例如：以假扣押來說，本訴乃為其本；而提出民、刑事訴訟時，兩訴訟可能互為其「本」。

訴訟「固本」，誠屬必要，但訴訟末節之事，是達成訴訟之本不可或缺的要素。舉凡提出訴訟之始，書狀撰擬、提出時程、開庭言辯等等訴訟瑣事，無一不是成就勝訴的原因，所以，有計畫的「逐末」，是「固本」的良方。

甚且，訴訟之本的當事人有時會改變目的，例如：原擬起訴，請求返還房屋，但在訴訟中，房屋倒塌，無法再使用，則須改變請求，訴請損害賠償，否則不僅原來訴訟目的無法達到，甚且會遭敗訴判決，反失其「本」。

有時，訴訟打來，得心應手，恐會得意忘本，甚或有時遭對方惡意攻訐，腦羞成怒，意氣用事，忘卻其本。所以，應時常回顧檢視，以確定仍否在「本」上而行。

22

善用溝通藝術～一言興邦，一言喪邦

我過去曾經手一件民事訴訟，是一審敗訴後，當事人前來尋求上訴翻案的機會。當時，我定出二審的訴訟策略後，即將該案交由同事辦理及出庭，經過幾次開庭後，有一天那位同事很沮喪地來找我，她覺得自己與二審法官的溝通出現問題，於是央求我接手該案。就在我接手出庭的那次，從法官的口中，我推算他想判我方當事人勝訴，但由於訴訟金額剛好可以上訴第三審，為免對方有機會上訴，他希望我方可以「減少請求金額」，如此即可結案。

當然，法官不會說得如此明顯，他「點到為止」地表達，幸經我猜對，在與當事人審慎分析下，當事人也願意承擔可能的風險，最後果真勝訴。當然，當事人很高興，而我也因此獲得很寶貴的「法庭溝通」經驗。

溝通是一門藝術，每個人都會面臨溝通的問題。訴訟戰爭尤重溝通，猶如戰爭對峙的雙方，任何誤會，都將造成不可回復的損失。訴訟溝通的對象多樣，若掌握其中精髓，當可得心應手，以不變應萬變。

❖正確表達內容

「一言興邦，一言喪邦。」說話必須審慎。有人說，上帝造人，給人雙眼，但只給人單口，就是要人謹言。說話是門藝術，在訴訟上尤其是項技巧。法律所謂「重初供」，更說明在法庭必須小心表達，尤其，法庭上任何陳述都須「列入紀錄」，不可不慎！

當然，訴訟目的是要伸冤，有冤屈就要大聲說出來，以取得法官（檢察官）的同情。如果「心是口非」，無法正確表達心聲，甚或雞同鴨講，不僅目的無法達成，反而可能被冠以莫名之罪，情何以堪。所以，如何表達，是訴訟成功與否的重要基石。

我曾經與一位當事人討論有關「攻擊是最佳防禦」的這個策略，這位當事人平常是溝通高手，只是當自身面臨官司時，卻陷入自我矛盾，因為過度緊張反而鑽牛角尖，造成溝通不良的情形。經過長時間討論後，才表現正常。所以，人都有弱點，必須正視每次的表達場合。

充分的準備、反覆的練習，可使表達正確。訴訟，不論提出書狀，抑或口頭陳述，宜做充分準備；書狀內容必須反覆斟酌，不可由律師寫完，未經審閱同意，即提出於法院；開庭陳述更須注意言行，儀態和表情都是表達的一部分，更是檢視「是否誠實」的重要指標。

❖傾聽各方反應

溝通是雙向的。正確表達的前提，即是瞭解對方的需求，予以回應。因此，聽懂對方所言，是正面溝通的首要課題。傾聽對方所言，勿任意插話，可以避免誤解；仔細觀察對方的肢體語言，更可正確地判斷對方「真意」。

「傾聽」，不僅代表「專心聽」，更須隨時「腦筋想」，不時地反問：「何以對方會有此看法或評語？」畢竟，表達的對方也可能「心是口非」、「口是心非」或「心非口非」。尤其，面對「多方會談」時，所謂「人多口雜」，更須審慎傾聽。

許多人在聽別人說話時，常常對方尚未說完，即自以為「聽懂」，急欲表達，造成雙方誤會；甚或，雖看似耐心聽，卻是有聽沒懂，徒有傾聽外表，不具傾聽實質，更會令人誤以為是「資質駑鈍」或「雙方沒有交集」，進而拒絕溝通。

❖正確對焦回應

對焦正確的照片，呈現賞心悅目的美感；反之，不僅無法原物呈現，更無朦朧之美。正確對焦是溝通的另一個要項，不僅可取得共識，更可「其利斷金」，甚或冰釋誤會，化解糾紛。

有個遊戲是，多人排成一列，耳語傳話，第一個人說的話，陸續交耳傳到最後一個人時，常出現「雞同鴨講」的結果。遊戲雖好玩，但也說明連傳話都會出現問題，更何況是對話的回應，不可不慎。

訴訟是為解決紛爭，如果無法正確傳達訊息，對焦回應，不僅於事無補，甚且誤會加深。尤其，訴訟主要是言詞辯論，言語交鋒，稍有不甚，如同亂箭；及時回應，如未對焦，鴻溝加深，不利訴訟。

「含情脈脈」、「飛眼傳情」並不適用於訴訟。在法庭上，就對方的任何攻擊，都須予正面回應，若不知如何回應，可以「再以書狀陳述」、「查明後，下次庭訊再說明」等方式表達，絕不宜「此時無聲勝有聲」，如此恐將使法官誤會是「默認」。

❖善用書狀表達

訴訟雖以言詞辯論為主，但提出書狀仍是必要，尤其，法官是人腦，不是電腦，不可能記住雙方所有攻防，嗣後輔以書狀，可幫助其記憶。切勿以「已陳述」，誤認法官「應該」已經知道，就省略不提出書狀。否則，激情演出後，可能只留給法官觀眾三分鐘的印象。

何時應提出書狀？除起訴時應提書狀外，無強制規定，也無其他限制，端乎實際需要。通常是想表達的內容繁多、須提出書面證據、要加深法官印象、回應對方要求，或加強攻擊對方時，可提出書狀。無論如何，只要「想寫就寫」，畢竟，尚無因書狀提出太多，而遭判決敗訴之例。

書狀撰寫，無一定格式，但須掌握幾項原則：易讀、易懂、易抄。「易讀」，可以讓法官「想看就看」；「易懂」，可以讓法官「一目了然」，記憶深刻；「易抄」，可以讓法官「想抄就抄」。事實上，如果法官已被說服，其判決理由應以我方主張為主，而我方所提的書狀內容，就很容易成為法官的判決理由。

書狀提出時間，可於開庭前，也可於開庭時，無任何限制。通常，於開庭前提出，主要是希望法官先瞭解我方主張，因此，愈早提出愈好；若於開庭時提出，主要是書狀內容須輔以言詞說明，以使法官瞭解，並做出有利我方的裁示。

❖言詞辯論技巧

訴訟以言詞辯論為主，所以，良好的言詞辯論，為訴訟的根本。訴訟辯論乃言語戰爭，針鋒相對，宜「對事不對人」，切忌做人身攻擊，以免遭訴「妨害名譽」。尤其，訴訟目的在解決紛爭，非製造紛爭，不宜口出惡言，加深鴻溝。

口齒清晰、條理分明，是言詞辯論的基本。法官審理的案件很多，開庭時間短促，所以口頭主張應言簡意賅；同時，須隨時注意法官表情，如其「愈聽愈起勁」，你就可以「愈說愈來勁」；反之則須及時打住，或先結束陳述，或轉變問題。

言詞辯論技巧多樣，因人、因時、因地而不同。言詞之始，可投法官所好，引發其「聽話」興趣，之後再「高談闊論」。如果能輔以必要的肢體語言或其他圖表，將可增加法官的正面印象。如果已提出書狀，則口頭陳述不宜超出書狀內容，以免混淆法官思緒。

多數人常不敢與法官「正面衝突」，希望能給法官一個好印象，避免不利判決。可是，法官也是一般人，也可能犯錯而不自知，所以必要時，仍應向法官據理力爭，甚或正面衝突，期能「一語驚醒夢中人」，且能「教育」法官，此仍屬正面意義的溝通。當然，此方式不宜常用。

❖律師是溝通橋樑

事實上，訴訟溝通是將當事人的事實，完全地傳達給法官，使其理解，並做出正確的判決。不論當事人是否委請律師，都必須正確地傳達其「事實」給法官，所以，就傳達訊息的角度而言，訴訟雙方是傳達事實訊息給法官的溝通橋樑。

因此，如果當事人決定自行打官司時，就必須與法官或檢察官建立良好的溝通管道。反之，如果當事人委請律師辦案，律師就是法官（檢察官）與當事人之間的溝通橋樑。有好的溝通或橋樑，才能將當事人的事實，有效率、有層次、有體系及有條理地呈現。

律師所具有的法律專業，與法官及檢察官相似，思考模式也相近，所以溝通使用的語言、邏輯較相近，可以降低不必要的雞同鴨講。另一方面，律師必須瞭解當事人的心境、所求和所需，絕不能高居在上，令當事人無法瞭解，而使溝通出現問題。

23 訴訟的人性考量～訴訟是一種心理戰

回想養兒育女的過程，襁褓中的嬰兒往往以「哭」來表達需求，逐漸長大後會以喃喃的話語表達感受。天真無邪的雙眼顯露單純的人性，經過成長歲月的洗禮，逐漸展現出複雜的人性。

學生時代讀著《孟子》的「性善說」及《荀子》的「性惡說」，後來受洗成為基督徒，才知道《聖經》提到人類始祖受魔鬼引誘，使得人性從單純順服上帝，走入蘊含價值判斷的貪婪、嫉妒、憤怒、說謊等複雜的詭詐裡！「性善」與「性惡」原來都在我們的人性中。

人性是什麼？似乎無法說清楚，但人性的反應具有共通性。遇到快樂的事會喜樂跳躍，遭逢苦難則會憂傷痛苦。面對訴訟，不同的成長環境和文化背景，在在左右一個人的選擇方向。

陪同眾多當事人走過訴訟之路，從法律實務中體會各種人性，雖然不是放諸四海皆準，但也值得作為訴訟的參考。

訴訟雙方都想贏，但彼此立場對立，未必抱持相同的態度與做法。如果原告想速戰速決，被告以同樣態度回應，似乎恰好陷入原告設下的陷阱？相反地，如果被告放慢腳步並拉長時間，原告或許知難而退、撤回訴訟，這未嘗不是一種訴訟策略。所以，訴訟勝負除了立基於如何說清楚紛爭真相，若從人性層面操作，也能獲得勝利。

❖訴訟中的人性

遇到糾紛的人常喜歡聽取別人的經驗，移植作為解決自己問題的方法，但是如果忽略了個案的特殊性，或未注意到訴訟雙方的特殊性，單純套用法律或參考其他人的解決方式，未必是明智之舉。

人是有靈性的動物，也有個別的獨特性，不同的人面臨相似的糾紛，會有不同的看法及反應。如果訴訟一方能掌握對方的人性，就能作出更精確的反應，猶如醫生必須考量個別病人對藥物的反應，才能提供準確的治療。

我們常說「知己知彼」，就是從人的共通性出發，評估對方的可能反應。尤其在訴訟上，更要懂得評估對手特性，隨時調整訴訟手段。我們可從以下幾方面探討：

教育程度：「智慧型犯罪」或「白領犯罪」的行為人往往教育程度較高，思緒較縝密。如果你的訴訟對方是這類人，必須格外注意他的說詞，因為他的謊話騙術極高，不易找到破綻。

我曾協助一家企業追訴總經理的背信責任，這位總經理具有美國知名學校的博士學位，他處心積慮偷取公司資金，巧妙迴避公司查核機制，公司花了巨大工夫蒐證，請了六、七位律師追訴，遲遲無法說服檢方起訴他。我接手承辦後，調整追訴角度、重新整理證據，細膩勾勒總經理的犯罪手法，才成功說服檢方。但對方在法庭上依然不改本性，狡猾辯解，導致訴訟進行緩慢。所以說，教育程度會影響人性表現。

文化背景：不同文化背景的人有不同的思維，例如：協助處理外國企業糾紛時，德國客戶會條列所有問題，一一詢問，在我尚未提供滿意答覆前，他們不會作出決定；日本客戶也有類似特性，同樣細膩，還特別執著，即使訴訟遭遇證據資料不足的瓶頸，仍然會堅持走下去，且透過不同管道再蒐證，直到對方感受巨大壓力，同意出面和解，才肯罷休。

風土民情：台灣土地雖小，但北部人與南部人也展現出不同性格。常說南部人熱情豪爽、講義氣；北部人理性思維，即使有交情，仍是理智至上，較少訴諸感情。中國大陸腹地廣大，不同省分的人流露出不同性情，北方人直來直往；南方人因地理環境養成，常有拐彎抹角的溝通習慣。如果訴訟對方來自不同地區，處理上也應該作出相應的調整。

男女特性：常言道男人較理性，女人較感性。在夫妻的財產糾紛中，男女計較的內容或有不同，先生理性思考財產計算，妻子堅持占有特定財產。曾經遇過一起損害賠償的案件，男方理性計算損失，要求對方賠償醫藥費及所失去的利益，女方則要求對方送一些東西，雙方各有堅持，幸好中間人從中斡旋，最終雙方能各退一步，以和解收場。

年紀經歷：年紀通常是社會歷練的同義詞。二十幾歲的人與三十幾歲的人閱歷不同，對事情的看法必定不同，對訴訟爭議的看法及態度也不一樣。例如：涉世未深的二十多歲學生，如果在超商買到過期麵包而吃壞肚子，或許告知超商後，就摸摸鼻子離開，未必會提告；但對於一位三十多歲的工作者來說，有謀生及生活的壓力，如果吃了過期麵包而拉肚子，造成工作表現失常，自然會請求相關損失；至於六十多歲的人，或許因為吃壞肚子而引發其他併發症，所產生的紛爭就不同了。

人際關係：訴訟常牽涉到周遭的親朋好友，尤其兄弟姊妹之間的爭執通常涉及配偶。我過去曾處理一對兄弟的糾紛，因為妯娌存在嫌隙，自然影響兄弟情誼。所以，此類訴訟如果想進行順利，除了要關注當事人的關係，還須留意身旁親友的矛盾，才能有效解決。

❖法官（檢察官）的人性

面對訴訟，除了關注對方的人性，法官是決定訴訟勝負的關鍵，而刑事案件的偵查階段則由檢察官決定起訴與否，他們都屬於訴訟的第三方，人性也左右了他們的決定。

常有人批評個案判決的法官（檢察官）是「恐龍法官（檢察官）」，這種說法其實是不理解他們的辦案處境。他們每個月受理數十件，甚至上百件訴訟，而且有一定數量比例的結案壓力。面對堆積如山的案件，他們對每件個案能夠付出多少心力？尤其他們與你我一樣，都有父母和家人，也有家庭問題、個人喜好等等，如果你的案件類型不是他們熟悉的內容，而你又沒有說清楚案件原委或細節，你能期待他們清楚理解你的冤情，判決你勝訴嗎？

有人說：「屁股決定腦袋。」法官與檢察官的職責與功能不同，對訴訟的認知也不同。法官決定訴訟勝負，須瞭解個案所有爭點，才能作出判決；檢察官只決定犯罪嫌疑人有無犯罪嫌疑，不能決定被告有無犯罪，所以只要具有犯罪可疑性，就可起訴犯罪嫌疑人。

訴訟過程是一種心理戰，如同《三國演義》裡諸葛亮的用計，他掌握人性，尤其抓住司馬懿的個性，才敢使出空城計。同樣地，訴訟如果能抓住對方的人性弱點，再配合法律策略，獲勝機率必然提高。

24 訴訟表達～不同訴訟，不同手法

許多當事人常跟我說：「我不知道怎麼和法官溝通」、「只要站到法庭上，我就兩腿發抖，不知該說些什麼」。這些反應實屬常態，但顯然無濟於事，也不會因此獲勝。固然，法庭氣氛有時令人窒息，但唯有盡可能地放鬆心情，才能有好的表現。

法官和檢察官都是人，不要因為場地的不同，就做不同的區分，造成不必要的心理壓力。如果能在「異中求同」，將可克服首次訴訟的不必要緊張；反之，如果「同中求異」，則縱使離開訴訟的法庭辯論，也可能還是會緊張異常，無法自己。果真如此，只好選擇與人和解，遠離訴訟。

訴訟是溝通，表達得好不好，決定了訴訟的結果。訴訟表達固有其專業，但只要掌握不同訴訟的核心價值，當事人也可以DIY。一般人都知道，在不同的場合該說不同的話，套用一句俗話：「見人說人話，見鬼說鬼話。」與法官及檢察官的溝通，也不外是與「人」的溝通，所以，只要「自然」，就必定「美」。

❖不同訴訟，不同手法

由於不同訴訟存在不同的目的，所以，不同訴訟應有不同的表達方式。訴訟既可分為：民事訴訟、刑事訴訟及行政訴訟，在法庭的言詞辯論及書狀的撰寫，就該有所不同，以便與法官能夠溝通順暢。

民事訴訟主要是解決訴訟雙方的財產糾紛，著重訴訟雙方的「法律關係」。所謂「法律關係」主要是民事法典所規定的內容。在「當事人進行主義」的原則下，當事人應說明雙方主要爭執的事實內容，及該等事實所應該適用的法條，更重要的是訴訟雙方期待法院做出如何判決的請求，引「法」據典，一一說明。

刑事訴訟主要是遭調查的被告提出答辯。檢方追訴或法院審理被告，通常是針對被告的特定行為，認定違反刑事法規，予以追訴及審理。在「罪刑法定主義」的原則下，被告的答辯主要是針對檢方或法院調查的特定刑事法所定犯罪內容，說明自己行為不構成犯罪，可分「主觀」及「客觀」等兩方面。

行政訴訟主要是人民不服政府的行政行為，所以，在訴訟表達上，應說明政府的何項行為違反何項法律，以及自己的權益遭受怎樣的侵害，進而請求將該政府的違法行為撤銷。由於，行政訴訟涉及政府公權力的行使，行政法院可主動考量所謂「公共利益」，理論上，法院在公益的基礎上，應一併考量雙方利益，但通常人民不主動說清楚時，似乎得不到法官的青睞。

❖掌握語言與文字內涵

「語言」與「文字」在表達上，都存在一定程度的差異性，且都是為了表達某種事物或觀念，而且文字有許多「同音異字」及「同字異義」，如果訴訟三方沒有共同的認知基礎，容易產生雞同鴨講的結果。

其次，語言邏輯有所謂的「內涵」與「外延」，如「白馬非馬」，就是將馬的「內涵」界定為非白色、跑得很快、吃草、臉很長等等，所以，在「外延」的結論上，就得出「白馬」不是馬的結果，也就是「內涵」愈廣，「外延」就愈窄。訴訟攻防的雙方常會玩此文字遊戲，如同「閱兵」與「國防表演」這兩個詞的爭議一般。

在言詞溝通上，尤應注意法官（檢察官）所說的內容，如果其表達與自己的想法不同時，宜立即說明，直到雙方產生「共同語言」為止。至於針鋒相對的對方言詞，大多是企圖誤導法官（檢察官），所以須審慎且應立刻澄清，以免使其目的得逞。

在書面文字方面，不僅須細讀對方書狀，更應注意法官在訴訟過程中，所作成的書面裁定，至於檢察官，則因偵查祕密，無法得悉，也只能由開庭中，推知一、二。當事人閱讀對方書狀時，常會因對方的文字表達而使心情起伏，甚且對某點內容或文字使用，大發雷霆，致失去焦點，而未正確回應，得不償失。

❖書狀與言詞並重

訴訟不僅須正確傳達訊息，更須讓法官留住記憶，所以，言詞辯論與書狀陳述，缺一不可。書狀提出，無時間限制，也無份數限制，更無格式限制，是以增加法官（檢察官）記憶及增進其理解，為主要考量。

在開庭的言詞辯論中，由於書記官會當場記錄雙方說詞及法官問話，但只是以其「理解」的內容為記錄，常會發生記載內容與言詞表達內容不一致的情形，所以，當事人對於雙方交鋒激烈的開庭筆錄，宜於開庭後，儘速申請「閱卷」，以瞭解開庭紀錄是否詳實，以免嗣後發生不必要的爭執。

由於開庭紀錄將成為未來訴訟卷宗的一部分，且如果案件上訴時，該開庭紀錄即是上訴審法官參考雙方主張的重要依據，所以，如果閱卷後，得知紀錄內容有誤時，宜立即以書狀請求更正，並將正確的內容清楚表達，不要等到下次開庭再以口頭提出，以避免產生另一次的不正確，造成訴訟困擾。

此外，書狀撰寫內容不僅應包括開庭時口頭所說的內容，且應涵蓋對於訴訟案件所有想表達的內容。受限於開庭時間的限制、法官（檢察官）開庭當天的心情及當事人開庭當下的反應等因素，言詞辯論常無法「暢所欲言」，為免「想說的沒說」，造成終身遺憾，宜以書狀「一吐為快」。

❖ 一審與上訴審的分別

在訴訟開始的一審，與已有一審判決的上訴審，訴訟表達的處理方式有所不同。一審開始時，雙方各定主軸，訴訟的發展，取決於雙方的策略與佈局。所以，理論上，一審雙方可揮灑的空間無限寬廣，當然，訴訟雙方各有盤算，互別苗頭。

上訴審，包含二審上訴及三審上訴，主要都存在下級法院的判決，不論是二審上訴，或三審上訴，上訴審法官的審理重心都會以下級法院的判決為主，所以，在處理上訴審時，不僅與對方的作戰尚未停止，還增加了對下級審法院判決的批判。因此，在上訴階段，當事人的主張仍不可失去訴訟核心主軸，更須隨時對下級審法院的判決表示意見。

由於下級審法院的判決內容可分為「一方全勝，他方全敗」、「雙方各勝一部分」等等，所以在上訴審中，訴訟雙方的攻防地位，就取決於下級審法院判決的結果。簡言之，取得勝訴的一方在上訴審中，有原判決的「支持」，在表達上即可多加引用該判決的內容；反之，敗訴的一方，就該對判決予以嚴厲批判。

值得注意的是，三審上訴中，上訴人的上訴理由必以「二審判決違背法令」為主，而被上訴人則以「二審判決誠屬至當」為主，雙方各有所屬。由於上訴人上訴三審的理由涉及許多法律專業，宜聘請法律專業人士為之；而民事上訴須委託律師處理，且該審的律師費可以作為訴訟費用的一部分。

25 證據取捨～明足以察秋毫之末

在處理訴訟案件的證據時，不禁想起小時候與兄長吵架爭奪玩具時，父母親為解決爭端，常問我們說：「為什麼說這東西是你的？」「為什麼先動手打人？」許多問題的背後，無非是要判斷誰是誰非。每當辦理一件法律訴訟時，這般兒時情景就常浮現腦海，更對小時候與兄長爭吵，徒增父母困擾，著實過意不去。而也或許是從小太過頑皮，常與兄長發生爭吵，所以練就了這種「證據提出」的防衛手法，而今運用，得心應手。

父母親不可能全然守在小孩身邊，知道小孩爭吵的原委。同樣地，法官不可能身處訴訟雙方發生爭端的當下，如果糾紛雙方不提出對自己有利的證據，又如何期待法官做出正確的判斷。所以，訴訟的舉證乃是立基人情事理之常，並無太高深的學問，不用過度恐懼。

證據，理論上是提供予法官（檢察官），使其瞭解過去發生的事實。證據不會自動產生，也不會自動呈現，必須經過搜集與整理，才能令法官（檢察官）理解。證據如何呈現，決定案件方向，訴訟雙方不可不慎。

❖瞭解證據種類

證據是要讓第三人（法官、檢察官）相信自己所言非虛。訴訟法均有「證據」規定，且列出證據種類，一般而言，不外乎是「書證」與「人證」，各有不同功能，但在具體訴訟中，證據選擇、如何提出、說明角度等等，會影響訴訟成敗。

「書證」是文件紀錄，可以「重現」事件發生始末。在電子時代來臨後，「無紙化」已成時代潮流，電子郵件也可以成為證據。提出書證原件，較影本的證明強度高；而外國文件通常須經該外國機構「公證」，且經我駐外單位「認證」，才可以成為證據。

「人證」是依自己所見、所聞，將「過去事實」重現的人，所以，如果是「道聽塗說」的人，不可以為證人。只是在具體訴訟中，常見為勝訴目的，提出莫名其妙的證人，企圖影響或改變「過去事實」。雖然，法律有「偽證」罪的處罰規定，但其是「防君子，不防小人」，不可不慎。

書證與人證，孰優孰劣，無一定論，通常原告所提證據，必須使法官確信其主張，而被告所提證據，如果可「打亂」原告主張，即有提出的價值。總體而言，書證乃事件發生的「當時紀錄」，較僅憑記憶的人證更可採信。

❖舉證責任原則

民事、刑事及行政訴訟採不同的訴訟制度，對訴訟雙方提出的「有利主張」，所要求的舉證責任不同，不可一體適用。「舉證責任之所在，敗訴之所在。」這句話說明舉證責任的重要與難度。負此責任的一方，審慎因應，仍可成為「常勝軍」。

民事訴訟採「當事人進行主義」，對於自己有利的主張，須提出證據。何謂「自己有利的主張」，法律沒有定義，只要對方不承認但為自己所堅持的「事實」，就須提出證據。另外，只要法官要求提出時，在「據理力爭」無效後，宜遵照辦理，以留給法官「好印象」。

刑事訴訟雖採「無罪推定」原則，且由「法官職權調查主義」，修正為「修正式當事人進行主義」。但實際上，一旦遭起訴的被告，常遭「有罪推定」，而須「積極證明」自己無罪，不是由檢察官證明被告有罪。所以，只要可以證明自己「無罪」的證據，宜「傾巢提出」，以免造成遺憾。

由於行政訴訟是人民與國家間的訴訟，常涉及所謂「公益目的」，所以，法律給予法官很大的調查空間。實務上，即使公家機關未主張，且未提出證據，只要法官以「公益目的」為前提，即可職權調查；反之，人民對自己權利受損時，須提出證據支持，否則，後果不堪設想。

❖陳述影響證據

對自己有利的主張既須提出證據，則撰寫有利主張的角度，決定了是否須提出證據。所謂「有利」，簡言之，就是對方不否認，只要所寫的方式，給予對方「不得不承認」，或「無法否認」，就有機會無須舉證；另外，如果對方有我方有利的證據，可要求法官命其提出。

提出書證，宜詳細述說該書證原委，且就有利之點，宜於書狀強調再三。在提出書證之前，要由多方角度，檢視內容，確認它是「封閉式」內容，不生其他「不利解讀」，始宜提出，否則，如果反遭對方利用，作為打擊我方的工具，就得不償失了。

要求傳訊證人時，宜先確認證人是否願意出面作證。雖然法律規定，證人有作證的義務，但證人也有拒絕證言的權利；同時，對自己有利的證人，如果出面時只是一味地證稱：「不知道」、「不記得」，反而無法證明對自己有利的事情，實不利於己。

訴訟雙方立場不同，陳述證據的角度亦有不同。理論上，原告所提證據，須使法官「確信」其主張，而被告所提證據，只須使法官產生對「原告的不信任」即可。所以，在陳述證據時，撰寫書狀的角度宜把握此精神。當然，在具體個案中，仍須針對不同的爭點，做不同的處理。

❖證據呈現要領

常見當事人提出書證時，想要證明的內容僅一頁，但竟提出多達數十頁的書證，若從書證完整性而言，此做法雖屬誠實，但恐失焦點。尤其，原告是發動戰爭者，為了不讓法官看見太大的卷宗而退卻，宜減少提出文件數量，只要節錄即可；反之，被告可提出完整文件，期使法官感覺雙方糾紛太過複雜，進而不想審原告的案子。

至於請求傳訊證人時，宜單獨以「聲請傳訊證人」或「聲請調查證據」狀，寫明證人姓名、證人地址及傳訊理由。就傳訊理由，不宜寫太多，以免對方知我方所欲傳訊的內容，而早做準備；反之，亦不宜寫太少，以免法官認為無傳訊必要，不予傳訊。

如果有提出照片的必要，宜於該照片下，分別註記該照片要點，使法官一目了然。而且圖畫容易使人記憶，有助於法官審案。至於照片是否應有日期，則端視所提出的目的而定。

錄音帶可否作為證據，法律無限制，實務上常見以錄音帶為證據。提出該錄音帶時，宜同時提出譯文，如果僅欲引用其中些許內容，可以「節譯」方式處理，於法官另有要求時，再依其要求內容辦理，無須先行提出全部譯文。

另就電腦程式檔案，宜提出光碟及書面，且若涉及機密內容，可以「密封袋」的方式處理，並載明「機密」，以利書記官作業。必要時，也可以「公證」或「認證」方式，對該電腦程式予以確認。

26 證人詰問～合於利而動，不合於利而止

剛開始從事律師工作時，曾因一件合約簽立的糾紛，簽約雙方無法達成和解，進而鬧上法院，也因此我收到法院通知，必須到庭作證。沒想到，很單純的作證行為，竟招來一方的不滿，我在作證之後的法庭外，竟遭到不明人士的恐嚇。我也才知，原來訴訟法中「任何人都有作證的義務」，在現實社會裡，竟然有這般的處境，而這絕非在課堂上或教授口中可以得知的。

我寧可相信這只是一件偶發的事件，但遭恐嚇的經驗，是久久揮之不去的陰影，雖未影響我繼續從事法律工作，但擔任證人的心境，與可能遇到的風險，我在那次的作證中，有了與別人不同的體會，也加深了我在處理法律事務上的謹慎態度。是福、是禍，真是難說，但仍是很感謝上帝，給我磨練的機會。

在訴訟的過程中，訊問證人可能是必要的選項，但不同的訴訟程序，有不同規定，當事人宜把握不同訴訟制度的規定原則，以達到傳訊證人目的，以及勝訴的終極目標。

❖非必要，不要傳訊證人

理論上，「證人」是就過去所見、所知的事實，在法官或檢察官面前陳述；但事實上，證人是否真能遵守此分際，難以控制，加以證人也是人，難免與雙方存在不同的「人情關係」，請其出面作證，仍存有不同程度的風險，實不宜將證人視為「訴訟的救星」。

其次，因真相只有一個，證人所言如果公正，難免得罪其中一方，因此實務上，證人如果遭傳訊出庭，常見其以「不清楚」、「不記得」等等話語回應法院，不僅無濟於事，反有害於請求傳訊的一方。畢竟，傳訊的一方信誓旦旦地傳了證人，但證人反而無法清楚表達，則該方的「信譽」顯然大打折扣。

再者，證人有誠實作證的義務，如果作「偽證」，則須遭一定的刑事處罰，雖然實務上顯少有證人遭追訴偽證罪，但證人作證難免有些疑慮及不安，證人一旦出庭作證，恐難維持彼此之間的關係，難免有「賠了夫人又折兵」的遺憾。所以，在確認證人果真願意出庭作證前，實不宜妄自請求法院傳訊。

另外，證人出庭，難免會遭對方詰問，縱使其證詞有利我方，但在對方詰問下，也難保因「誤解」，或「不瞭解法院程序」，做出不實的證言，反有「畫虎不成反類犬」的風險。所以，在窮盡其他手段之前，實不宜輕言傳訊證人，以免徒生不必要的困擾。

❖詢問證人的技巧

如果萬不得已必須傳訊證人時，詢問證人的問題，宜把握三項原則：勿提出不知道答案的問題、盡可能地以封閉式問題詢問、每個問題只詢問一個重點。在訴訟過程中，證人只是偶發性的臨時演員，未必熟悉訴訟程序，且心情難免緊張，如果沒有事前溝通，實無法期待其有出色的表現。

首先，如果連自己都不知道答案的問題，顯然無法評估證人回答的內容是否有利於己，萬一證人的證詞與我方的主張大相逕庭時，恐將產生致命的後果，且因其回答不可期待，不易於當場以其他問題加以修飾，終將造成覆水難收的結果。

其次，訊問證人的問題宜以「封閉式」的問題為主，也就是問題的答案不會產生另外的問題，例如：「你曾去過XX地方吧？」反之，如果是「開放式」問題，將會使證人自由發揮，且造成對方有機可乘，例如：「你曾去過哪些地方？」當證人回答後，勢將產生其他的連續問題，有時無限延伸問題，恐將失去重點或主軸。

另外，詢問證人宜把握每個問題只有一個重點，如果一個問題中包含兩個以上的問題，一方面，證人可能會失去其回答問題的重點；另一方面，證人可能因誤解，造成答非所問。無論如何，其結果都無法達到傳訊證人的目的。

❖不同程序，不同處理

民、刑事訴訟程序中，都有證人作證的相關規定，但由於訴訟制度不同，其訊問證人的遊戲規則，也就不盡相同。民事訴訟程序只規定證人作證的原則，及其可「拒絕證言」的條件；但刑事訴訟程序因採交互詰問制度，訊問證人就必須依循一定的程序，且法官有權適時介入，而對方有權提出異議，程序相當複雜。

民事訴訟程序有關證人作證的規定，原則上，包括元首在內的所有自然人都有作證的義務，且經合法通知的證人，如果無正當理由不到場，須遭受罰鍰的處罰風險。證人可以到法院出庭，或以視訊等等方式作證，且證人可以「連續陳述」的方式作證。當然，證人具一定身分或特殊關係時，可以拒絕證言。

刑事訴訟程序有關證人作證的規定，與民事訴訟程序規定相似，但對於「證人詰問」程序，可分為：「主詰問」，即請求傳訊的一方針對「待證事項」詢問證人；

「反詰問」，是另一方就主詰問所顯現的事項，提出詢問；「覆主詰問」，是請求傳訊的一方針對反詰問所顯現的事項，提出詢問；「覆反詰問」，乃另一方就覆主詰問所顯現的事項，提出詢問。程序相當複雜，而實務操作上，法官、檢察官及律師等法律專業人士，也未必嚴格遵守法律所定的遊戲規則。

至於行政訴訟程序中有關證人作證的規定，也與民事訴訟程序規定相似，但無須進行類似《刑事訴訟法》所定的「詰問證人」程序，法官可以直接訊問證人，且當事人經法官許可時，可以直接詢問證人；另外，其亦有「視訊作證」的規定。

❖與證人接觸的原則

當事人可否與證人接觸，法律並無明文禁止，但也無明文許可。不過，證人作證應據實陳述，且《刑法》有「偽證罪」的處罰規定，而當事人如果與證人有串證時，在刑事訴訟程序中，被告可能遭到收押，因此，在法律無明文規範基礎下，當事人與證人接觸宜審慎。

任何人都有作證的義務，但並非所有人都瞭解訴訟程序，除律師及其他「專業訟棍」外，甚少人會登法院之門，想「窺其堂奧」。一旦證人遭傳訊作證時，宜使其瞭解訴訟程序的原則，及法院運作的方式，以協助法院順利進行相關訴訟程序。因此，在此原則下，我認為適當地與證人接觸，並不違反上述法律規定的精神。

當然，「誘導證人」是法律所不允許的，且當事人如此做法，有違訴訟公平，更有可能涉及刑事「偽證罪」的共犯。當事人實無須因小失大、顧此失彼。不過，「誘導證人」要避免為之，但詢問證人是否願出庭作證，只是尊重證人的做法，且不使證人突然收到法院傳票，實合乎人情事理之常。只是做法宜審慎，以免落人口實。

詳言之，與證人的接觸，只要不涉及實體訴訟內容，就不會違法，所以，當事人如果真有必要傳訊證人，且有必要與證人接觸時，也無須過分緊張，把握「實體」與「程序」分離的原則，即可坦蕩面對。

27 不可預期的種種～危機就是轉機

電影《浩劫重生》描寫一位求生意志高昂的人，如何度過不可遇料的人生災難。主角在堅持中，嘗試不同的方法，與大海搏鬥，期能走出那無人的孤島。最後，皇天不負苦心人，終於被人發現並將他救起，重返文明世界。電影情節雖然有些天方夜譚，但也說明了「天無絕人之路」。

我曾經在退伍後，為了準備律師考試，壓力大到想先找份工作，換個生活環境。沒想到就在考前一週找到工作時，竟然因為有了「工作保障」，反而使心情格外輕鬆，成了考試成功的最大助力。

當然，在多年的執業律師生涯中，所遭遇到的訴訟危機不勝枚舉，但均能在困頓中，找到解決之法。這讓我確信，在每個不利情勢的訴訟當下，即是一個美好結果來臨的前夕。我們可以期待訴訟結果，但無法保證過程都很平順。訴訟中，難免發生危機，但危機終將過去，以何種態度面對，勢將影響結果。但危機操作得宜，必是轉機之始。

❖樂觀面對，步步為營

張忠謀先生曾說：「人生不如意十之八、九，所以，應常想一、二。」面臨訴訟的人，肯定是處在人生的不如意當中，更應該盡可能地，以樂觀態度面對它。畢竟，哀莫大於心死，面臨訴訟，終日悲哀，不僅無濟於事，恐拖累身體，實不值得。

當訴訟來臨，既然無法逃避，就要做好「最壞的打算和最好的準備」。先分析敗訴後果，瞭解最壞的情形，以此出發。猶如勘察戰場中的陷阱或對方可能攻擊之點一般，對於訴訟，應詳加分析，步步為營，規畫訴訟策略，不論是原告或被告，均要先固守城池，再求攻擊獲勝。

原告是訴訟發動者，必須有長期作戰的心理建設，再思考如何「快速求勝」。在起訴之前，宜分析「敵我情勢」，沙盤推演我方攻擊的角度，以及對方將如何回應。尤其，民事訴訟須繳「裁判費」，三審總計約為請求金額的百分之四，最好先估算「糧草」是否充足。

至於被告，只得接受訴訟事實。接到法院通知後，通常有一個月以上的備戰期。事實上，在接獲通知前，被告應可感覺訴訟將至，對於原告的攻擊，大都可了然於胸，而在收到起訴書時，乃是確知炮彈落點，可由攻防戰術中選擇出最佳的回應。

❖危機來臨，冷靜面對

訴訟既如戰爭，可以預期必定會有危機出現，只是不知何時出現，以及如何出現。每個人對「危機」的感受不同，簡言之，只要是未事先預想到的狀況，對當事人而言，都屬危機。所以，寧可多想，是降低危機發生的因應之道。

危機來臨，楚囚相對，無濟於事，宜冷靜思索出路。通常，訴訟危機不外乎對方攻擊或防禦之點未在我方預期之列，或對方所提文件資料不復記憶，且具「殺傷力」。此時，只能評估該危機的殺傷程度，以擬定因應對策。

面對訴訟危機，如果時間短促，無法反應，可向法官請求延緩進行訴訟程序。當然，就當事人而言，既是事件的製造者，理論上，至多只是遺忘部分事實或文件資料，不可能全然不知，所以縱使法官同意所請，恐已造成不小影響。如果有委請律師出庭，較可獲得諒解。

所謂「亡羊補牢」，如果能安然度過危機，必須先檢討，以確定是否尚有其他不可預期的事實或文件，並重新規畫訴訟策略；必要時，修改原定目標。訴訟過程中，如果危機不斷發生，表示先期準備做得不夠徹底，則很難期待會有好的訴訟結果。

❖天助自助，切勿宿命

危機來臨時，若無法克服，就先設想最壞的狀況，例如：如果你是被告，在刑事案件中，最壞的狀況就是認罪，請求從輕發落。

以我過去的經驗，當危機來臨時，常是轉機之時。畢竟，上帝必有其美意在此危機中。仔細思索「為何有此危機」、「此危機的影響」，然後抱著從何處跌倒，就從何處爬起的心態，面對危機，通常就能轉危為安。

我處理過一件外國人遭起訴涉嫌侵占的案件，當事人遭地方法院判刑兩年，而致命關鍵之一，是他自以為可以用中文與法院溝通。我接手承辦二審上訴，在開庭一次後，就利用這位當事人的語言問題，應用翻譯機會，讓二審法官更能夠聽到真正的故事，透過這樣的重新包裝，因而轉危為安。

28 訴訟的兩個戰場～尋找問題，對症下藥

與遭遇訴訟瓶頸的當事人會談，他拿著厚厚的資料，訴說著官司中的委屈，時而義憤填膺，時而哽咽。我靜靜聆聽他講述的過程，腦中不禁浮現兩個問題：一是他究竟受到什麼損失？一是他是否走在正確的訴訟道路上？我習慣性先區分這兩個戰場，找出問題癥結。

這是我習法、用法多年所養成的習慣思維，原本不以為有何特別之處，直到我的電腦出了問題，麻煩身為電腦專家的兒子診斷時，見他熟練地從硬體進入軟體，很快找到問題並加以排除。我從旁看他操作，才驚覺到我習以為常的法律思維，值得提醒當事人藉以隨時檢視訴訟問題。

事實上，打贏官司表示你正確處理這兩個戰場。任一個戰場發生錯誤，都可能造成敗訴；猶如生病看醫生，必須找到正確科別並掛號，而醫生也須正確診斷病症，程序及實體相互配合才能治好病症。

訴訟是解決紛爭的一種途徑，展開訴訟必須遵守一定的遊戲規則，法律上稱為「程序法」，而透過訴訟想保障的權益，則是「實體法」。訴訟成功與否的關鍵在於：提出的訴訟符合程序法的規定，正確說明自己的權益符合實體法的規定；這就是訴訟的兩個戰場。

區分戰場的另一個意義，是隨時檢討每個訴訟動作是否正確，尤其在訴訟出現瓶頸或困難時，可分別從這兩個戰場上尋找問題，對症下藥。

❖民事訴訟的兩個戰場

民事訴訟的實體戰場涉及個人人格權或財產權保護的內容，而《民法》是主要的遊戲規則，也就是實體內容必須與對方存在一定的「債之關係」，這個關係可在《民法》的債篇中找到相關規定，不外乎「合法的契約關係」以及「非法的侵權關係」。

諸如在便利商店買早餐、搭公車上班，日常生活中常會發生合法的買賣契約、運送契約等等關係，這些關係涉及財產權變動，一旦產生糾紛，必須從雙方約定的合約或《民法》的規定中找到可依循的遊戲規則。至於非法的侵權關係，如：不認識的兩車相撞所產生的交通事故，《民法》的規定亦提供了訴訟實體戰場的遊戲規則。

民事糾紛的法律關係，可簡化如左列的圖示：

債權人（債之主體）——契約關係或不法關係（債之關係）——債務人（債之主體）

物（債之客體）

民事訴訟的程序戰場是指訴訟實施的程序，《民事訴訟法》是主要的遊戲規則。向正確的法院提出訴訟是程序戰場的首要課題，民事訴訟主要採「以原就被」原則，也就是原告必須在被告所在地的法院提起訴訟。其次，發動訴訟的程序戰場須有三項要點：訴訟主體、訴之聲明及訴訟標的。

「訴訟主體」就是訴訟的原告及被告，是實體戰場中的「債之主體」（人），包括自然人及法人（公司）。這兩個戰場的主體須相同，才能使法官的判決效力及於對方，以實現訴訟的目的。

「訴之聲明」就是請求法院判決的內容，例如：車禍的被害人請求肇事者賠償醫藥費及其他財產損失時，訴之聲明是：「被告（肇事者）應給付原告（被害人）新台幣×××元及自起訴狀繕本送達翌日起至清償日止，按年息百分之五計算之利息。」此乃透過訴訟程序想實現的實體內容。

「訴訟標的」就是請求的依據，如同實體戰場中的「債之關係」，此乃訴訟核心，通常是指「合法的契約關係」或「非法的侵權關係」。

❖刑事訴訟的兩個戰場

「罪刑法定主義」是刑事訴訟的核心，因此，實體戰場必須符合法律所定處罰的犯罪，《刑法》是主要規範，但其他法律規定的特殊犯罪，如：《證券交易法》所定內線交易，都屬於實體戰場的一環。

刑事實體法律規定「罪」的類型之外，也規定「刑」的處罰標準，此乃罪刑法定的根本。國家檢察機關或刑事被害人提起刑事訴訟時，須以刑事實體法律所定的犯罪為依據，而法律規定所使用的文字意涵未必與一般所理解的文意相同，在提起刑事訴訟前，宜查閱相關司法實務見解，以免引發不必要的誣告嫌疑。

法官、檢察官 —— 行為（罪刑法定）有無犯罪？ → 被告或犯罪嫌疑人（行為人）

《憲法》第八條明定司法或警察機關須依法定程序逮捕及拘禁，法院須依法審問及處罰，而《刑事訴訟法》就是這項規定的「法定程序」，也就是實施刑事訴訟程序的遊戲規則。

刑事訴訟程序包括檢察機關的偵查及法院的審理，前者是由檢察機關決定行為人有無犯罪嫌疑，非認定是否犯罪；後者是由法院認定遭起訴的被告是否構成犯罪，應否處罰，所以法院審理須以檢察機關起訴犯罪嫌疑人為前提。

《刑事訴訟法》允許特定犯罪型態的被害人可直接向法院提出「自訴」，但司法實務上，法官對於「自訴案件」的重視程度不如檢方起訴的「公訴案件」。

❖行政訴訟的兩個戰場

「依法行政」是民主法治社會的根本，而政府施政的公權力涵蓋人民生活各層面，例如：食品衛生、民生消費、土地徵收、交通安全等等，所以，各類行政法規是實體戰場的遊戲規則，例如：《食品安全衛生法》、《所得稅法》等等。提起行政訴訟前，應查明相關行政實體法規。

由於政府施政具有行政裁量權限，但《行政程序法》揭示政府的裁量權限須受相關法律原則的拘束，例如：政府的行為內容應明確；如果無正當理由，不能有差別待遇；政府行為應符合誠實信用，並保障人民正當合理的信賴等等。至於常聽到的「比例原則」，則是指政府施政採行的方法應有助於目的的達成，且在多種能達到目的的方法中，應選擇對人民權益損害最少的方法。

提起行政訴訟前，宜先確認實體戰場的屬性及法規，如：稅務、交通、土地等等，確認政府有無「應作為而不作為」或「不應作為而作為」的違法，再輔以前述《行政程序法》所揭示的政府施政原則，強化訴訟中的主張。

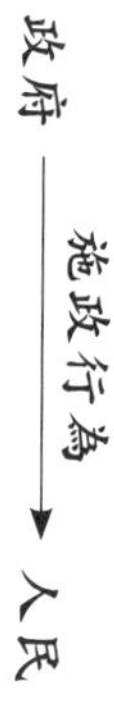

《行政訴訟法》是行政訴訟的程序戰場主要的遊戲規則，而行政訴訟的管轄法院是高等行政法院。由於行政訴訟常涉及公共利益，此遊戲規則允許法官主動調查涉及公共利益的案件，與民事訴訟採行的「當事人進行主義」不同。

此遊戲規則類似民事訴訟的程序規定，所以，《行政訴訟法》沒有特別規定的程序事項，通常準用《民事訴訟法》的規定。

29 閱卷掌握訴訟進度～推敲法官的思路與傾向

戰爭片中常見交戰雙方對峙，一方採取包夾攻勢，調兵遣將深入敵營後方，並以無線電與隊友保持聯繫，交換敵方軍情及掌握軍隊部署狀況，在發動攻擊前，更須核對時間及確認彼此信息一致，接收者會複誦發話者的內容，以確保同步行動。

訴訟雙方是對立的，沒必要交換信息與行動。不過，如果能夠取得與決定雙方勝負的法官一致的想法，就能增加勝訴的機會。訴訟雙方除了提出有利於己的主張，如果還能掌握到法官的想法，跟著法官的思路走，甚至導引著法官的思路，就能樂觀期待訴訟結果。

記得開始律師執業時，跟著前輩學習打官司，前輩除了指導訴訟專業，更細心教導閱覽法院卷宗的技巧，他一面翻閱個案卷宗，一面解釋閱卷應注意的事項，尤其應格外看重法官在卷宗內的批示或注釋。前輩耐心指導的點滴，至今仍歷歷在目。

隨著訴訟程序展開，訴訟雙方會依案件複雜程度提出不同的書狀及證據，而法官會依雙方提出的資料審理案件，且在必要情況下，向第三方查詢相關事實。等到雙方不再提出新資料時，法官就會結束審理，並作出判決。

法律未規定法官（檢察官）的辦案期限。實務上，法官（檢察官）常耗時半年，甚或數年才結案。所以，在法官（檢察官）辦案期間，如果能確保自己與他們的想法一致，就能減少訴訟突發狀況，掌握主控權。

❖閱卷的重要性

「閱卷」就是請求閱覽法官手中的卷宗。法律規定法官須公開審理案件，不僅包括開庭允許他人旁聽，也包含訴訟雙方有權聲請閱卷，以瞭解法官手中究竟握有哪些個案資料。

透過閱卷可以理解法官手中的卷宗資料，嘗試從法官的角度，思考法官如何看待訴訟個案，並掌握法官辦案的進度，這也是另一種方式的溝通。許多當事人不知道或不重視閱卷，等於減少與法官對話的機會。

民事訴訟及行政訴訟的相關法律雖要求訴訟雙方提出書狀及證據資料給法官時，

也須一併提供副本給對方，此乃訴訟雙方相互尊重的表現，但實務常見一方耍雕蟲小技，不願或遲延提供副本資料給對方，造成訴訟當事人與法官取得資訊之時間不同的問題。

閱卷不僅可以防止對方有心操弄，也可確認法官手中的卷宗是否與自己持有的卷宗內容相同；尤其，法官會因個案需要而向第三方函調相關事實，從法官所詢問的內容，或在卷宗內的批示或註記，都可揣摩法官的辦案觀點及態度，有無因第三方的回函或對方提出的資料而改變看法。

刑事訴訟的偵查階段，基於「偵查不公開」原則，無法閱覽檢察官手中的卷宗，但案件一經檢察官起訴而移送到法院時，就可以在分案確定後，向承辦案件的書記官聲請閱卷。

❖法院訴訟卷宗內容

無論民事、刑事或行政訴訟，法官手中的個案卷宗主要包含：訴訟雙方提出的書狀及證據、法官開庭審理的報到單及開庭筆錄、法官與第三方往來調取的相關文件，以及法官通知訴訟雙方的雙掛號證明文件等等。

有關訴訟雙方提出的書狀及證據，民事及行政訴訟的程序法律明定訴訟雙方應彼此交換，此部分尚非閱卷的重點，但須注意確認對方提供給法官的資料是否一併提供給自己，以防止對方未履行彼此交換書狀的義務，才能確保訴訟上攻防地位的平等。

值得注意的是，就檢方起訴的刑事案件，在檢方起訴並將案件移送法院後，無論是被害的告訴人或遭起訴的被告，都應盡速閱卷，除掌握檢方偵查中所取得的資料，更須評估法官對該案件的看法，也就是從閱卷中瞭解法官所能取得的個案資料究竟有哪些。

其次，法官審理個案時，通常會在開庭報到單上註記其辦案方向，指示書記官協助處理各種調查或通知事項；至於開庭筆錄，乃書記官記錄訴訟各方於開庭時的溝通內容，過去是以手稿為之，而今改為電腦打字，但因書記官打字速度快慢不同，未必完整記錄開庭內容。閱卷須特別注意此部分的紀錄。

至於法院與第三方的往來函文應特別重視，此部分常涉及訴訟雙方爭執的灰色地帶，因法官無法判斷孰是孰非，於是轉向第三方查詢或調查。因此，第三方的意見常會影響法官的認知，甚至對個案產生舉足輕重的影響，訴訟雙方不可不慎。

法官通知開庭的雙掛號憑證，是判斷有無遵守訴訟程序所定的相關期限，與個案實體糾紛內容無關，僅在確認個案是否符合程序規定，如：上訴期限，可作為上訴的部分理由之一。

❖法院訴訟卷宗的解讀

如果能正確解讀法官手中的卷宗，就能掌握法官的審理重點及思路。不過，訴訟雙方閱卷解讀法官手中的卷宗，或有不同看法，就像不同人對於同一本書會有不一樣的看法，但看法較接近法官思路的一方，必能取得較高的獲勝機率。

「將心比心」是解讀法院訴訟卷宗的方法之一，也就是以法官的立場思考，將自己的心置於法官的心上，思索法官看到卷宗內的資料會有什麼樣的看法。其次，再以這樣的看法，調整自己的訴訟手法，反駁或回應對方所提出的論點，或是第三方所提出的觀點，以避免法官的想法被對方牽引，或更積極地說服法官採信自己的觀點。

有些個案法官會在雙方提出的資料上標註記號，此為評估法官思路的重要參考。然而，無論法院訴訟卷宗內容為何，須隨時檢討自己的主張能否說服法官，此乃訴訟勝負的核心。因此，在反駁對方的主張或回應第三方的觀點時，都要以自己的主張為核心，前後一致，不能捨本逐末。

至於法官在開庭報到單上的批示，或可顯露出法官的調查方向，須據此評估是否對自己有利，再彈性採取順勢而為或扭轉劣勢的作法；而開庭筆錄本應正確反映開庭實況，是未來上訴審法官審酌下級審判決有無違法的重要依據，所以，如果筆錄記載與實際開庭內容不符，宜以書狀提出更正。

對於法官與第三方的往來內容，應謹慎評估第三方的回應內容是否有利於自己；對法官詢問第三方的問題，宜評估其詢問角度，判斷法官的傾向，以便採取因應的行動。

法律沒有明定閱卷的程序或要求，但如果能運用得當，必能掌握法官思路，抓住法官心思，其影響訴訟結果甚巨，訴訟雙方宜善加應用，以發揮最大效用。

30 訴訟中如何應對媒體～鬥亂而不可亂

我曾代表一位民意代表控告媒體「妨害名譽」。在首次出庭時，撰寫該報導的記者竟然坦承，為了搶新聞，在聽到別人繪聲繪影下，就寫了這篇新聞。因為這位記者的坦白，這場原本不是很好打的官司，剎那間取得了制高點的勝利。

之後，這家媒體也只好私下求這位民意代表和解。由於當時媒體環境從未有過「登報道歉」之舉，最後，該媒體同意在海內外的自家報紙上，以半版篇幅，大大歌功頌德這位民意代表，給足了面子。也因此，我有了與媒體「近距離」的接觸，瞭解處理新聞事件的流程，加上我曾在大學教授「新聞法規」近十年，與媒體記者有更深的接觸，益加體會記者的思維與心態。後來有機會處理些許媒體關注的案件，更是親臨火線，箇中滋味也就感觸良多了。

訴訟糾紛一起，常引發媒體關注，回應媒體與處理訴訟，顯不相同，但媒體通常是五分鐘熱度，不問「真實性」，只問「新聞性」，其快速呈現，無遠弗屆，不可不審慎面對。

❖媒體特性vs.訴訟本質

媒體講求即時與快速，尤其重視「新聞價值」。訴訟雖有時間壓力，但講究發現真相。兩者本質不同，不可以相同方式來對應。事件初始發生時，媒體投入的關心或較當事人本身多，但一旦不具「新聞性」後，媒體可能甩都不甩。

由於媒體每日處理眾多的「新聞事件」，有其選擇報導的角度，在有限的時間之下，不允許當事人「長篇大論」；反之，訴訟言詞辯論，目的是發現真相，雖然開庭時間有限，只要有助於發現真相，雙方仍有權「高談闊論」。

回應媒體，說與不說都是媒體報導的話題，甚至還有所謂「看圖說故事」的疑慮。而訴訟中，刑事被告有權拒絕回答，民事雙方有權主導說話內容，不回應或許留給法官不好印象，但法官仍應依證據，認定事實，適用法律。

媒體報導的第一印象，決定了大眾對一個人的觀感。而訴訟上的主張、舉證與辯論，才是決定訴訟勝負的關鍵，它是長期累積的過程，第一印象固然重要，但不是決勝與否的關鍵。

❖有利vs.不利案件

訴訟事件受媒體青睞，不如受法官關注。一旦媒體要求回應時，首應慎思「回應」與「不回應」的影響程度，尤其是被告，更須審慎。另外，若公司高階主管涉入訴訟時，公司是否回應媒體的問題，必須在保護公司及高階主管之間，取得平衡。

既是當下回應，則要判斷其對案件「有利」或「不利」，未必與案件的整體利益相同，只要在第一時間可維護自我形象，可能就是「有利」。同時，對方是否已利用媒體，或對方是否為政府單位等等因素，所須考量的角度也不同。

媒體可協助監督政府行政、檢調辦案，以避免「黑箱作業」，但利用媒體報導也可能會因此激怒政府或檢調機關，進而遭更無情對待。甚且，媒體採訪工作者素質不一，媒體內部控管不齊，當事人回應內容，有無遭錯誤解讀的風險，都是考量因素。

媒體有所謂「平面媒體」與「電子媒體」，其所產生的效果與影響也不同。前者，依其自我理解，報導當事人的反應；後者，立即播放當事人的字字回應。兩者各有利弊。通常媒體採訪均包括此兩種媒體，當事人不僅須注意儀表，也要注意回應的內容。

❖統一發言，免生歧義

如果企業遭遇訴訟爭議，而遭媒體關注時，除要成立所謂「危機處理小組」外，統一發言是必須要注意的一點，尤其更應於企業內部建立聯繫管道，以防媒體獲得小道消息。因此，企業宜斟酌考量是否召開記者會，以免擴大事端，或以期降低損失。

與訴訟相同，回應媒體，尤重發言的角度，如果有時間準備，應在積極瞭解事實全貌，定出訴訟主軸之後，始決定發言角度，並將訴訟所欲提出的攻擊，適時釋放給媒體，期對訴訟產生有利的作用。

相反地，如果時間短促，最好以保守方式面對，就偵查中的案件，可以「偵查祕密，尊重檢調辦案」、「相信司法會還清白」等等理由回應，以降低衝擊；對於審判中的案件，可以「相信法官辦案」、「靜待司法判決」等等理由回應。

一般而言，最好盡量避免由當事人直接面對媒體，以防止當事人與媒體間對話上的緊張，或當事人因不知如何回應而做出錯誤的回應，造成二度傷害。在企業所涉案件中，尤須避免由負責人親自上火線，期使企業保有迴旋的空間。

心法應用

實戰篇

馬特拉案～聲東擊西，反敗為勝

隨著我的示意棒在看板上繞了一圈又一圈，法官也必然會感受到，如果一審的判決有道理，那麼馬特拉無論再怎麼告、告了多久，全都是白費，而這絕對不是法律的精神。其次，法律上的矛盾是因為立法院連年修法，又沒有整體規畫的惡果，恐非法官所能解決。

❖事件背景

隆～隆～隆！每隔五分鐘不到，由法商馬特拉製造的木柵線（文湖線前身）捷運，就以每小時八十公里的速度快駛過台北市中心。很難想像這全台灣第一條的捷運線，曾經因為延遲通車而讓當時的台北市長陳水扁說出「馬特拉不拉，我們自己拉」的重話，如今卻已是載客量超過一億人次、台北人最依賴的交通工具之一。

這條捷運線通車已久，但當初馬特拉與台北市政府捷運局，卻因為延遲通車所衍生的「恩怨」，纏訟多年。直到二〇〇五年七月二十二日，最高法院判決台北市政府必須賠償馬特拉約新台幣十三億元，連同利息總計約二十億元，創下國內工程賠償金額最高紀錄。

馬特拉與台北市捷運局對簿公堂的起因，是從規畫開始就爭議不斷，且因政策一再修改，以致工程延宕。最初在一九八八年七月間，馬特拉與台北市捷運局簽訂捷運工程合約，由馬特拉負責承攬松山機場至木柵動物園的機電工程。為使設計能夠符合都會區需求，台北市捷運局一再更改工程設計，先是延誤了土建工程，繼而也延後了馬特拉的機電工程，構成「遲延履約」，馬特拉因此在一九九三年要求賠償，並申請商務仲裁協會仲裁。

一九九三年十月六日，商務仲裁協會裁定，台北市捷運局合計必須支付馬特拉十億兩千五百萬元，台北市捷運局不服仲裁結果。隔年初，台北市捷運局乃向台北地方法院聲請撤銷仲裁。從此，雙方爭訟程序就從商務仲裁進入法院審判。

台北市捷運局在一審、二審及高院更一審均獲判仲裁案不成立，但高院更二審及最高法院三審則改判仲裁案成立，馬特拉反敗為勝。而後，台北市捷運局再以馬特拉逾五年未聲請強制執行為由，於二〇〇一年一月五日向台北地院提出仲裁案「異議之訴」，繼續展開訴訟。台北市捷運局在一、二審均獲勝訴，但高院更一審則遭敗訴判決，二〇〇五年七月二十二日，最高法院判台北市捷運局敗訴確定。

這一件曾經備受國人矚目的官司，一打就是十二年，不但賠償金從「法朗」打成

「歐元」，就連支付賠償金的台北市捷運局，也歷經執政者改朝換代。

儘管台北市捷運局在馬特拉聲請強制執行時，以馬特拉公司已不存在為由聲明異議，但仍遭法院駁回。台北市捷運局抗告不成，提再抗告，二〇〇七年三月七日，經最高法院駁回，台北市捷運局終究還是輸了。

❖臨危受命，冷靜面對

在馬特拉與台北市捷運局「交手」的十二年間，雖互有勝敗，但整個案子的轉折關鍵卻是在二〇〇一年七月十九日，也就是馬特拉輸掉一審，正處於不利態勢的時刻。

其實早在一九九三年十月，經過裁定，馬特拉可向台北市捷運局索賠十三億的賠償金，但在台北市捷運局又是採取「撤銷仲裁」，又提出「債務人異議之訴」，並提存擔保金的舉動下，馬特拉還是拿不到賠償金，對此，馬特拉自然無法接受，有點「煮熟的鴨子飛了」的感覺。

此時，被馬特拉寄予厚望的眾達國際法律事務所，指派才初到眾達三天的我披掛上陣。感謝主，這在外人看來是「辛苦萬分」的官司，我讓它「敗部復活」了。

不過，對於當時的臨危授命，我除了感謝當時眾達所長黃日燦律師的知遇與信賴外，如今回想起來仍然有些餘悸猶存。坦白說，我在接手此案件前，從沒有經歷過時間拖得這麼長、金額這麼龐大的案件；而且，以往的訴訟都是由我一個人扛到底，至多再找一位同事幫忙，但這個事關二十億元的大案，過往的資料快可以塞滿一整間房間了，如何規畫策略以及消化資料都是門大學問，當時剛進眾達，如果只靠我一個新人是不可能打贏的。

而輸掉一審的馬特拉雖然仍信賴眾達，但在「降低風險」的考量下，還是請來先前曾參與此案的其他律師代表，希望在多位律師的通力合作下，能確保最後的勝利。對於馬特拉的考量，眾達及我都必須接受，並且也遵照過去代表馬特拉的一位律師的強勢要求：「在庭上，未經我的同意，就不能隨意發言。」

二審第一次出庭時，因為馬特拉的律師席上已有三位代表，所以我就坐在律師席後頭，仔細地觀察雙方的攻法。

當時，代表台北市捷運局的理律事務所派出了李念祖和李家慶兩位知名大律師，尤其李念祖律師因為是法學教授，當時又擔任台北律師公會理事長，相當受人敬重，所以我感覺得到負責審理此案的法官常會不時面露尊崇之色，讓李念祖律師充分發言。反倒是馬特拉這一方的律師，往往沒講幾句話，就被法官打斷或是責退。

眼見如此，每當我有想法時，只能往前遞紙條。而法官看到了，竟對著我說：

「張律師啊，你有什麼意見？」在主事的律師點了頭之後，我才發言，沒想到法官不但沒有打斷我的陳述，甚至還回覆說：「嗯，你這樣講就有道理。好，我們調查。」

開完這一庭後，沒多久原本主事的律師恰有其他事情，退出這個案子的第一線作戰，因此馬特拉希望能由眾達主導此案。黃日燦律師於是決定由我負責第一線的法院作戰，同時由我、黃日燦律師以及從初始就參與此案的趙梅君律師組成專案小組。

❖法院開庭，靈活操作

當聽到眾達指派我出戰時，馬特拉法國總部代表還特地飛到台灣來「面試」。雖然眾達已經是國際性的事務所了，但當時與馬特拉公司的互動主要仍是依靠email，無法即時且時時回報，所以他們常常會表達關切之意。也因此我總是盡量讓法國總部再晚都能找得到我，他們來電時我也盡可能地給予清楚和安心的回應，讓他們覺得我是全心全力、心無旁騖地在處理此案。

而即使當時我評估認為，二審的情勢對馬特拉不利，但一登上「火線」，身為代表律師就得戰力十足。我不只要捍衛我方的主張，連對方的主張、攻擊，也必須仔細聆聽，且即時回攻。

雖然二審一開始對馬特拉不利，但在我首次主導開庭時，準備充足的表現讓專程來台旁聽的馬特拉總部代表說完一句：「Very impressed.」就返回法國了。在取得馬特拉的初步信賴後，我也就較為放心地大膽操作訴訟。

訴訟心法

訴訟的三角關係～
知己知彼，將心比心

❖佈局三審，拉長戰線

二〇〇一年七月十九日，在二審第一庭時，從法官問案的角度，我已經嗅出會再次敗訴的味道，所以我對黃日燦律師說：「這一審仍會輸，應先佈第三審的局。」

對於民事官司來說，千萬不能打到第三審才急救，應該在二審的過程中就留意任何蛛絲馬跡，觀察勝負的可能，一旦有敗訴的跡象，就要先為第三審佈局。由於第三審是法律審，也就是第二審沒有講到的事實或法律主張，第三審就無法再談，只能談二審判決的違法之處，所以對於事實的爭論點及所有的法律主張，必須在第二審就先把局設好。

在這種態勢下，我內心有著極大的壓力，這壓力來源並不只是官司本身，還有要如何為第三審佈局，如何應付對我來說並不熟稔的事主馬特拉的關心，以及第一回參與團隊作戰就擔起指揮官的重任。尤其，要和多達七位律師共事和分工，儘管當時的我已有十五年的訴訟經歷，但面對這一陣仗，還是得費盡心思，而且還要面對驚人的卷宗，以及此案涉及的《仲裁法》、《民事訴訟法》、《民法》及《強制執行法》之間的關係，每天忙到十二點不說，常常是趴在地上看資料。

訴訟心法

靈活操作訴訟技巧～
格局，佈局，步局

❖區分不同事實，發現真相

然而，過程的辛苦並沒有白費。在我反覆看過一審的判決書後，總算發現可疑之處：細讀對方的所有書狀，切割每一段落來看，似乎都「言之成理」，然而，將所有理由整體以觀，又覺得不符法律精神。而且地院判決理由也大都抄襲對方的主張。我一直問自己，真不知是對方濫用法律，還是馬特拉尚有可以主張的內容。

為了解開心中的疑惑，我將對方所有的書狀加以分類，而且將他們每一段的主張，依所提到的法律根據，分析法律結構；同時，我也將其所提到的《民法》、《強制執行法》、《民事訴訟法》及《仲裁法》等相關條文，由法條的立法目的、歷年來修正的內容及理由，一一比對和分析。

之後，我再重新整理令我感到奇怪的問題點。從馬特拉在一九九三年取得了台北市捷運局需支付賠款的仲裁結果，沒多久就被台北市捷運局聲請撤銷仲裁，然後一九九九年在最高法院判定仲裁案成立後，台北市捷運局代表以馬特拉聲請強制執行的時效在一九九八年已過，改打「債務人異議之訴」，讓馬特拉不能再主張等等，我將這些過程作成「大事記表」，配合上述法律條文，拆解對方的書狀內容。

我整理出「地院判決的事實」、「對方主張的事實」、「過去發生的訴訟事實」、「對方過去於其他案件中的主張事實」，並交叉比對彼此之間的關係。

如果說，商務仲裁協會的仲裁結果是馬特拉向台北市捷運局索賠的「糧票」，而台北市捷運局的「債務人異議之訴」的一審判決理由是對的話，那麼，雙方還在打糧票「有沒有效」的「撤銷仲裁判斷」官司期間，這張糧票就突然在一九九八年「失效了」。如果糧票在當時就「失效了」，那糧票「有沒有效」的官司應該就不必再打了。所以，我對一審地院的判決理由及台北市捷運局的主張，愈想愈覺沒道理！

訴訟心法

瞭解案件事實～
見山是山，見山不是山

❖發現大家未發現的爭點

最後，我終於發現問題所在。原來，《民法》第一百三十七條與《強制執行法》第四條，在前後不同時間的修正下，有了不同的規定，給了台北市捷運局可以片段解釋法律的空間，也可以在訴訟上有操作的理由。

另外，《仲裁法》第四十二條也歷經修正，雖然是文字上的修改，但因為與上述兩種法律規定的修改時間不同，造成三種法律分別解釋都言之成理，但如果將三種條文共同適用時，就可能造成法律適用結果的矛盾，馬特拉的案子將這三種法律修正的矛盾點，突顯得淋漓盡致。

雖然發現了這樣的法律爭點，但該如何運用到訴訟的佈局中，也著實讓我傷透腦筋。但也還好有了這個重大的進展，再累也值得嘗試，以落實法律的個案正義。

❖「聲東擊西」策略奏效

於是，我回過頭去把已經掌握的《仲裁法》條文，與過去馬特拉所提的主張，再徹底地研究一番。在「發現當事人未發現的事實」，並配合訴訟策略之下，為全案找出了生機，並且將佈局定調為「聲東擊西」。

原來，仲裁部分是本案最為複雜與困難之處，《仲裁法》第四十二條與強制執行法第四條之間的關係，很難由個案中去解決，而法官更難針對一個具體個案，去加以論述這兩種法律的規定是否存在不合理的矛盾。

同時，在台北市捷運局所提的聲請撤銷仲裁案中，法院前後共花了約七年的時間審理，如果商務仲裁協會的仲裁結果是五年有效，那麼法院審理撤銷仲裁一案，顯然有拖延的「可議之處」。但我心想，法院絕不可能承認自己有錯，所以，有可操作的空間。

基於上述兩項理由，於是我透過我的最佳助手「大事記表」，開始進行戰術規畫。我在法條之間的矛盾點以及法院過去審理的時程表中，「畫」出了「聲東」的戰術，加強此部分的攻擊火力。

在二審時，最「顯眼」的就是我方團隊所繪製的圖表大看板。透過圖表才能讓法官容易看清、也看懂這個案子的全貌。而每一次要開庭之前，我會花三十分鐘在辦公室看這些圖表，思考如何在十分鐘以內，讓法官接受我方的主張。當開庭時，我就指著這些圖表，依序分析。在一九九三年仲裁協會做成裁定後，馬特拉有三個選項（見下頁圖表）：

1. 請求台北市捷運局的賠償，如果台北市捷運局不支付，就再告。
2. 聲請強制執行，可能可以拿到賠償金。
3. 聲請強制執行，也可能無法拿到賠償金。

我拿著一根示意棒，在理律的主張、地院的判決，以及矛盾的法條之間來回繞圈，就像播放一張因壞軌而不斷跳針的唱片：「若仲裁成立，就被撤銷，再告又被駁回……。」

隨著我的示意棒在看板上繞了一圈又一圈，法官也必然會感受到，如果一審的

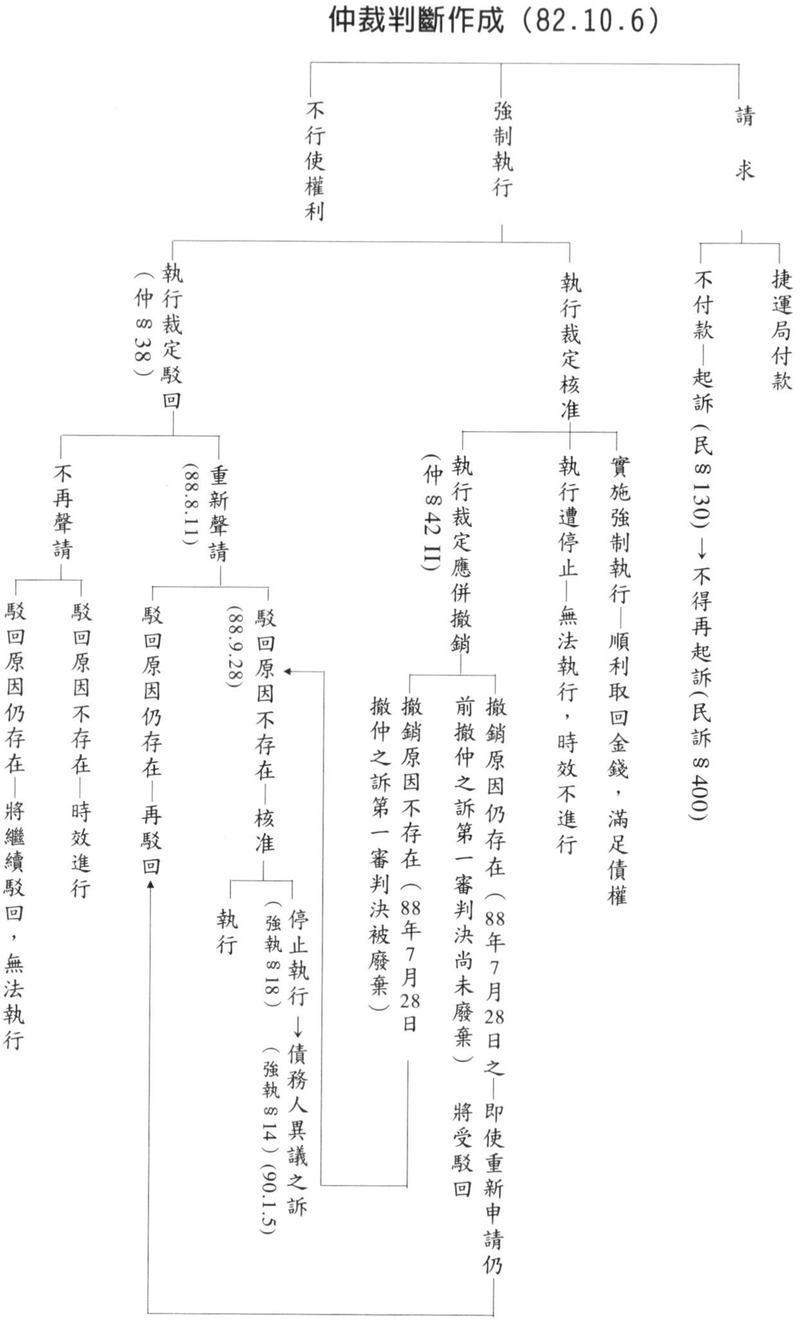
仲裁判斷作成（82.10.6）
不行使權利
強制執行
請求
執行裁定駁回（仲§38）
執行裁定核准
不付款—起訴（民§130）→不得再起訴（民訴§400）
捷運局付款
不再聲請
重新聲請（88.8.11）
執行裁定應併撤銷（仲§42 II）
執行遭停止—無法執行，時效不進行
實施強制執行—順利取回金錢，滿足債權
駁回原因仍存在—將繼續駁回，無法執行
駁回原因不存在—時效進行
駁回原因仍存在—再駁回
駁回原因不存在—核准（88.9.28）
撤銷原因仍存在（88年7月28日之—即使重新申請仍
前撤仲之訴第一審判決尚未廢棄）將受駁回
撤銷原因不存在（88年7月28日
撤仲之訴第一審判決被廢棄）
執行
停止執行（強執§18）↓債務人異議之訴（強執§14）（90.1.5）

判決有道理，那麼馬特拉無論再怎麼告、告了多久，全都是白費，而這絕對不是法律的精神。其次，法律上的矛盾是因為立法院連年修法，又沒有整體規畫的惡果，恐非法官所能解決。最後，也最為重要的是，若對於這樣的結論感到不合理，又該如何思考、如何做判決。

如果要判馬特拉輸，就必須解釋我所提「聲東」的論據錯在哪裡，且判決理由必須交代清楚，如此上訴第三審一定可以發回更審。

我所規畫的「擊西」策略的核心，也就是馬特拉與台北市捷運局訂立合約的性質與時效。依台北市捷運局的說法，雙方簽訂的是「承攬契約」，即工程合約，依《民法》第四百九十九條所規定的契約期限是兩年，最長可延為五年。

但這工程不可能在兩年內完成，所以馬特拉與台北市捷運局所簽訂的應該是有十五年時效的混合契約。我方不以單純的承攬來解釋這份合約，而主張它是「買賣與承攬」的混合契約，然後回歸民法總則所定的請求權十五年時效。

時效期限是兩年的工程合約，或者是十五年的混合契約，可自由心證，這是法官的權力，但我認為，法官若判混合契約是最好的解決方式。果然，最高法院的最後結論，也判定合約為時效十五年的混合契約，台北市捷運局敗訴定讞。

❖瞭解上訴制度，佈局三審

雖然馬特拉在二審再次敗訴，但這並不出乎我先前所料，也因此我有很深的「危機意識」，所以定出了上述「聲東擊西」的訴訟策略。同時，如同我所說的，上訴第三審的書狀必須以「二審的判決理由有違背法令」為由，才可以上訴，否則很容易遭最高法院以「不合程序規定」，駁回上訴。不過，二審法院如果沒有在判決理由中，對於敗訴的一方所提重要的法律主張，說明不可採信的理由，第三審法院就須發回二審重新審理。

因此，我在收到二審的判決書後，很快地就寫好第三審的上訴理由，雖然第三審法院仍然花了近兩年的時間審理，但其發回理由沒有超出我所寫的理由，而之後更一審的高等法院也就很快地做出馬特拉勝訴的判決。

二〇〇四年四月七日，眾達團隊的主張獲得高等法院更一審法官採納，台北市捷運局提起的債務人異議之訴及聲請暫緩強制執行，宣告敗訴。雖然對方再提三審上訴，但二〇〇五年七月二十二日下午，最高法院駁回上訴，全案終於以台北市捷運局敗訴定讞。

在獲知結果後，面對電話不斷的媒體詢問，當時連任台北市長的馬英九說了一句：「賠了！」而代表馬特拉的我則是私下直呼：「感謝主！」

訴訟心法

民事訴訟～
舉證所在，敗訴所在

❖生涯中最重要的一課

雖然我在馬特拉一戰，再度翻案成功，但在眾達所上的第一課，卻也是我執業生涯中相當重要的一課。

以寫狀子一事為例。我印象最深的是，當二審判決一下來，我馬上著手撰寫三審上訴理由狀。以前，我的狀子多半自己覺得滿意就可以送出，但這一次我寫完之後必須經過整個律師團隊，乃至馬特拉總部審閱，遇有質疑就修改，一直改到所有人都找不出問題了，才算過關。

再如對資訊的掌握，所有團員必須一致。雖然我不認為團隊成員全都要看過所有的資料，但如何切割資料給各別的成員，讓團員各別去摸象，最後再拼成一隻完整的大象，就考驗著 Project Leader 了。此時，我發現做好「大事記表」，就能很快地取得成員們的共識，這個表除了找出案件的問題點外，也成為整合團隊成員的分析資料與看法的工具，讓大家建立對事實與進度的共識。猶如戰爭發起時，各路人馬得整合，才能準確發動攻擊。

而在公事上，我則要求自己身先士卒，但也不能攬下所有工作，必須對成員做到公平分工。正因為自己無法看過所有資料、查閱所有法條，所以我必須從團隊同事的發現與討論中，掌握問題核心，透過問題反覆地查證和確認。

一到眾達，在幾乎沒有暖身的時間下，就要管理團隊、與外國客戶互動、擔任案件主持人，這讓我學習到如何用人賺人（心）、用人賺事情（團隊完成任務），對於這難得的訓練和成長，我感觸很深刻。在眾達的這一課是我人生中，脫胎換骨的重要里程碑。

2 企業經營權爭奪（一）～善用舉證責任

「舉證責任之所在，敗訴之所在。」而H既然提出撤銷股東會決議的訴訟，就必須對其有利的主張負舉證責任。此時，我的策略就在加重H的舉證內容……我才遞了兩個書狀後，就因為H無法加強舉證，使我方取得勝訴判決。

❖事件背景

二〇〇四年四月，一間由幾位家族成員合資成立的企業，在齊力共治打拚了十餘年後，竟然發生理念不合，為了爭奪公司經營權，爆發股東間的糾紛，也因此使彼此的交情破裂，訴訟也就此展開。

原來由這些家族共治的公司，由於隔閡的產生，持股較少的股東H因而不滿公司的股利分配，所以多方掣肘公司的經營，於是掌握多數股權且握有公司經營權的股東，乃於股東會議上解除H的董事職權，也因此引發H的反彈，而於二〇〇四年八月間，前後提起兩件民事訴訟，分別是請求解任掌握經營權的股東之董事職務，以及請求撤銷股東會的決議。

❖立基事實，而非法律

當掌握公司經營權的股東家族接獲H接連的指控時，自然是情緒難平，但也手足無措，甚至連原本委任的律師都無法提出有利的防衛手段，還回過頭問這些當事人該怎麼辦，也因此，他們只好另尋律師，而在家族好友的轉介名單中，他們找上了眾達的我。

二〇〇四年底，在眾達的會議室裡，我面對著已然慌亂的家族成員，靜靜地聽著他們述說著所有事件的始末，一邊翻閱著先前律師所處理的文件，並思索著他們在法律因應策略上的失誤。

我將焦點放在每一件事的事實發展上，而非拘泥在對方律師及過去我方律師的法律主張。當我聽完他們的說明後，就馬上開始釐清問題、定調，然後在會議室的黑板上擬出方向。我把未來的發展、可能面臨的問題、涉及的法條、建議的操作方式等等，在黑板上畫成樹狀的分析圖，讓他們一目了然。

當我完成「事件藍圖」的分析後，當事人也就能冷靜、客觀地面對眼前的官司。

接著，我進一步表示，針對H所提出「解除董事職務」的民事官司，因涉及刑事訴訟，案子處理上較為複雜，所以我建議從「撤銷股東會決議」這件官司開始積極防禦，以免失去重心。

訴訟心法

訴訟的中心主軸～
立基事實，而非法律

❖舉證所在，敗訴所在

依H股東的指控，二〇〇四年六月公司改選董監事時，掌握多數股權的家族，聯手通過修改公司章程，將原先董監事選舉採行的累積投票制，改為連記法，規定「每一董監事候選人的得票數不得超過其持股總數」。而改選結果，H擁有的股權無法獲得任何董監事席次，也因此H認為董監事選舉不公，遂向法院訴請確認公司股東會的決議無效，且所選任的新董監事決議也因此應予撤銷。

由於民事訴訟有「舉證責任之所在，敗訴之所在」的特性，H既然提出撤銷股東會決議的訴訟，就必須對其有利的主張負舉證責任。此時，我的策略就在加重H的舉證內容，我利用的「舉證取捨」的心法，在這個案子裡發揮了重要功能。

事實上，H的主張本就流於空泛，因而我才遞了兩個書狀後，就因為H無法加強舉證，使我方取得勝訴判決。但心有不甘的H仍然提出上訴，但我評估後認為，只要H無法突破舉證的責任，我方便可「以逸待勞」，甚至可加速二審的訴訟審理。只是，高等法院為滿足「上訴人的期待」，凡H提出的調查證據要求，幾乎都加以同意，以致開了很多次庭。

訴訟心法

民事訴訟～
舉證所在，敗訴所在

❖上訴人與被上訴人的地位

為了求勝，H使出新招。原來，在股東會那一天，H派了U和W兩位律師出席。於是，H就要求法院傳訊其中一位律師當證人，試圖舉證股東會當天的程序不合法。

在二審開庭三次後，H請求法院傳訊W律師，並要求調閱歷來股東會的會議紀錄。當二審法官準備同意H的請求時，我立即起身表示，如果要傳訊W律師，應命另一位U律師也到場作證，同時也要命兩位律師相互對質。另一方面，我也同時要求法官，除非H另有合理的主張，否則沒有必要調閱歷來的股東會議紀錄。

其實，我敢於要求傳訊另一位律師，並非冒險，而是早有評估。因為這位U律師與替H打本案官司的委任律師屬同一家事務所，且這位U律師更是事務所的主持律師，他對事件的真相、事實有一定的瞭解，一旦被傳訊，與另一位律師對質，很容易出現說法不一的狀況，甚至可能有偽證之嫌。我認為，U律師為顧及事業的未來，勢必不願意冒險出庭。

果然，H的律師事後撤回傳訊W律師的請求，而法院也重新要求H的律師應先說明調閱所有歷來股東會紀錄的必要性，但由於對方在之後的開庭中，無法提出具體的說明，因此我就以此一矛盾點，成功擊退H的上訴主張。

由於H雖然提出上訴，但始終無法提出合理的上訴主張與具體的舉證內容，二審法官在多次等待而無具體的回應下，就直接進入言詞辯論程序，結束冗長的調查程序。結果，二審法院也認為，公司董事的選任方法屬公司內部自治事項，《公司法》當時允許公司以章程排除累積投票制的適用，以避免累積投票制所帶來的董事會內部派系對立，影響公司營運，所以公司依修改後的章程改選董監事，並不違法。

二〇〇五年九月二十二日，二審法院仍維持一審的判決，H仍遭敗訴判決，之後他也覺得無上訴利益，最後也就放棄第三審的上訴。而我方當事人終於嚐到首次勝訴確定的滋味，一吐過去的悶氣。

訴訟心法

訟訟主角的地位～
言者異，則人心變

❖審慎回應當事人期待

在我經歷的多起訴訟戰役中，這件訴訟不算複雜，但我卻深深感受到當事人所面對的壓力及其背後的殷切期待。由於訴訟成敗影響當事人的公司經營地位及其名譽，所以他們的諸多要求與詢問，自不在話下。

身為律師，在當事人面前不僅要學習「故作樂觀」，承擔所有訴訟過程的壓力，同時，對於當事人的要求或詢問，要在訴訟理念與操作手法下，做必要的堅持與解說，這是一門不易學習與掌握的律師功課。

3 企業經營權爭奪（二）～移轉戰場

由於當事人的期待在於維持他們原任的董監事任期，以保障公司的運作沒有任何問題。所以，只要將本件官司的訴訟時間拖到所有董監事任期結束，此訴訟就沒有提告的意義。

❖事件背景

為前述案件的當事人家族打贏了第一件官司之後，我並沒有鬆懈下來，因為在另一個「解任董事職務」的民事官司中，由於涉及刑事訴訟，使得對方有機會運用該刑事訴訟的文件，在這件民事訴訟上取得較有利的地位，尤其，官司如果一直著重在實體戰場，情勢將會對我方當事人不利。

事實上，H提出「解任董事職務」的民事訴訟，在程序戰場上有可挑剔之處。但在本件訴訟中，由於我的當事人涉及刑事訴訟，很容易在民事訴訟中被認定有不適任董事的可能。所以，我初步判定，本件民事訴訟不宜著重在實體戰場，也就是我的當事人是否適任董事，因為這會讓本件訴訟與刑事訴訟相互牽扯，而變得很複雜，且不易取得勝利。

❖訴訟佈局，轉變戰場

訴訟成功未必是「實體有理」，有時候利用訴訟的程序戰場規定，也可獲得勝訴判決。而如果實體與程序兩個戰場能夠並重操作，訴訟必定成功。

由於H不僅以他個人的名義，也以他所有的另一家外國企業且同具股東身分的地位，一同提起本件民事訴訟，所以在本件訴訟中有兩位原告，而這個外國企業在台灣並沒有住居所，依照法律的規定，如果被告要求時，該外國企業必須依規定先提供裁判費的擔保金予法院，以防止該外國企業「濫訴」，而於事後確定敗訴時不願意付擔所有的裁判費。

這一項程序戰場的規定，當事人先前委任的律師團並沒有注意到，反而將所有的攻防重點鎖定在原告主張「所有董事是否都適任」的實體戰場的問題上，甚至還因此對H提出假處分，請求法院禁止其對多數股東採取不利的法律手段。

依法律的規定，這項程序事項，在全案進入言詞辯論後，就不能再提出了。我在二〇〇四年十二月底接下此案時，該案件才開過一次庭，為免節外生枝，我認為先前對H提出的假處分聲請並不可行，所以在取得當事人同意下，我先撤回這項聲請；接著，就將全案重點由實體戰場的爭執，努力轉往程序戰場上，且開始在該「外國法人股東是否應提供訴訟費用擔保」的問題上，大作文章。

> **訴訟心法**
>
> 訴訟的法律地圖～
> 熟悉遊戲規則

❖因勢利導，抗告二審

二〇〇四年十二月二十九日，我首次代表出庭時，即要求該外國法人說明其設立原委，且請法官查明該外國法人在我國有無住居所，此程序戰場的事項本為法官應職權調查的事項，而且是進入實體戰場的前提，所以法官同意我的請求，要求該外國法人說明。

但就在原告提出說明後的一個月內，法院以我方當事人未在言詞辯論前，提出本件程序事項的主張，裁定該外國法人無需提供裁判費的擔保金。本來，我只想以此程序戰場的問題攪亂H的訴訟，沒想到法院大張旗鼓地做出裁定，我於是「借力使力」——由於法院裁定不准我方的程序請求，我正好可以因此向高等法院提出抗告，使得本件訴訟由原本一審法院「可否解除董事職務」的實體戰場的問題，轉為二審法院針對「外國法人是否應提供訴訟擔保」、「本案是否已進入言詞辯論」等程序戰場的爭議審理。

由於此項程序問題需要優先處理，所以全案卷宗因我方提起抗告，移送到二審的高等法院，而本件訴訟也因此在二審法院躺了三個月，直到二〇〇五年六月十六日，高等法院才駁回我的抗告。

訴訟心法

訴訟辯論之計～
因勢利導，順勢而為

❖時間換取空間，拖延本案訴訟

我的目的，就是要以時間換取空間！因為我知道當事人的期待在於維持他們原任的董監事任期，以保障公司的運作沒有任何問題。所以，只要將本件官司的訴訟時間拖到所有董監事任期結束，此訴訟就沒有繼續提告的意義，而H也就無法遂行其「解除董事職務」的目的。

於是，二〇〇五年六月二十四日，我向最高法院提出「再抗告」，以凸顯此程序戰場，延長案件進入實體戰場的審理時程，結果再抗告成功，最高法院於二〇〇五年九月十三日廢棄原來高等法院的裁定，發回高等法院重新審理，而高等法院也「很聽話」地於同年十月三十一日廢棄地院的先前裁定，而地院嗣後也就要求該外國法人必須提供訴訟費用擔保。

由於H及外國法人不願意提供擔保，且因為所有董事任期也快到期了，本件民事訴訟遲遲無法進入實體審查，H眼見先前訴訟目的無法達成，就撤回本件官司，而我的當事人也取得了第二場官司的勝利。

❖律師務本的重要

這個案件正凸顯了，許多人在面對官司糾紛時，常一股腦地立基於法律，而非事實，也忽略了訴訟包含兩個戰場。我的當事人原先委任的律師團，在事情一發生時，急於思考如何去防堵H股東的訴訟，不僅未詳加分析當事人的目的，且沒有回歸律師辦案本體——「事實」，以及訴訟程序戰場的規定，以致錯失了利用程序戰場，達成「殊途同歸」的勝訴結果。

所以，當事人面臨官司固然可怕，但如果可以冷靜地回歸事實，掌握兩個戰場的差異，就有可能扭轉乾坤，更不會錯失打贏官司的先機。

這件官司在天時、地利及法官適時的裁定下，正好讓我有了可以操作的廣大空間，而適時發現的程序問題，從實體戰場轉為程序戰場，是勝訴的重要因素，也讓我更加體會「冷靜面對戰局」的重要。

訴訟心法

訴訟的兩個戰場～
尋找問題，對症下藥

4 十案奇景～牽一髮，動全身

雙方都有不盡合理之處，本應私下好好處理，訴訟未必是解決紛爭的最好方式……但原告卻認為，那一億多元現金是因為要增資才進到公司帳戶，既然不增資了，就該退錢，這是典型的「頭痛醫頭，腳痛醫腳」。他們忘了，這案子的始作俑者是原告利用增資而賣股條，不在增資案本身。

❖事件背景

二〇〇〇年，某家網路安全設計公司的一位大股東，因掌握到一些業務機密，便想利用公司辦理增資之際，在市場上大賣股條，期能獲得額外資金。這位股東打算「吸金」後就抽錢走人，結果吸金金額達一億多元。

由於這筆錢是以公司名義吸收，所以先存放在公司的銀行帳戶，就在這位股東如意算盤即將得逞之際，不巧被另一位任職公司總經理的股東發現，便想辦法擋住該資金被提取，同時也撤銷公司增資案的送件。

結果，那位大股東在拿不到錢的情況下，憤而對公司提出民事訴訟，主張公司

「不當利得」，因公司撤銷增資，理應退還所得款項。而公司被告後，在律師的建議下，控告那位大股東以公司名義「違法吸金」，造成公司恐遭投資人追訴的可能風險。此舉惹火了這位大股東，也再告公司及其他相關人員。就這樣，一連串的民事及刑事訴訟，兩方告來告去，累積了十個案件之多。

❖掌握目的，抓穩主軸

很多人都不敢正視問題，以至於在解決問題時，很容易出錯。由於該公司的確有辦理增資，既然之後撤銷增資，按理是應該將錢退還給投資人。但那位大股東賣股條在先，也站不住腳。所以，公司在反告那位大股東的眾多罪名中，「違法吸金」算是告對了，但之後雙方的互告，反而模糊了焦點，也耗損龐大的心力和財力。

當我接到這案子，聽完公司總經理的說明後，直覺地就對他說：「所有的糾紛重心應放在對方告的『不當利得』這一樁民事，其他九個案子先不用管。」之後，我仔細看完這十件官司的相關文件，更確定自己先前的判斷是對的。我相信，只要這一樁民事官司打贏了，其他案件就解套，不用再打。畢竟，只要這位大股東請求的投資款項無理由而被法院駁回時，所有其他官司的共同前提「增資款是否合法」，就無法斷定，則其他官司就無法定輸贏，而這位大股東為了那「增資款」，就必須另外提出其他法律主張，如此更可以突顯他的主張矛盾。

訴訟心法

策略規畫～
借形造勢，以勢制敵

❖民事訴訟重法律關係

由於這位大股東取得的增資款有事實上的瑕疵，所以他在法律上的主張，有無法自圓其說的矛盾之處。而民事訴訟強調訴訟雙方的法律關係，且採「當事人進行主義」，因此我評估，只要善用民事訴訟的「舉證責任」原則，應有機會固守城池。

「正面迎戰」是我經過通盤考量後，對此民事訴訟案所定出的最佳策略。但由於公司是本件民事訴訟的被告，為確保官司勝利，我又輔以「亂槍打鳥」的方法，也就是原告的書狀中有任何一個錯誤、一點矛盾，我就會寫狀「小題大作」地反駁，甚至在「雞蛋裡挑骨頭」，讓原告疲於主張與舉證。就這樣，我每看原告書狀一頁就寫上一筆。

❖證據取捨

值得一提的是，該公司原辦理的增資案，必然與會計師有關，而在我審視整樁事件、整份訴狀後，決定要傳喚負責辦理增資案的會計師。但當我說出這項決定時，幾乎所有與會人士都不贊成，因為這位會計師與這位大股東的交情很好，如果傳他出庭，必定只會說對原告有利的話。

但既然已定下「正面迎戰」的訴訟策略與主軸，就無法不面對「檢討公司辦理增資」一事。所以，在我的堅持下，公司還是同意了。結果，如我預期，這位會計師在出庭時，自己愈講愈猶豫和害怕，因而講得很零碎，無法成理。

其實我早從資料中，看出了這件案子的癥結，也就是有關增資事項確實有違法之處，而原告當時既然是公司的負責人，且直接決策該增資案，和會計師之間必有許多「討論」，所以該會計師絕對脫不了干係。

事實上，由各方角度觀察，雙方都有不盡合理之處，本應私下好好處理，訴訟未必是解決紛爭的最好方式；且誰先提出訴訟，誰的「輸面」就較大。但原告那方卻只認為，那一億多元現金是因為要增資才進到公司帳戶，既然不增資了，就該退錢，這是典型的「頭痛醫頭，腳痛醫腳」。他們忘了，這案子的始作俑者是原告，問題出在他利用增資而賣股條，不在增資案本身。

最後，原告請求返還這一筆「不當利得」的官司被法官駁回。公司贏了官司，還平白無故地多了一億多元，不過公司與那位大股東後來談成和解，也就將一部分的錢退還給他，其他民、刑事官司也就陸續解套，結束了這幕令我初看也傻眼的「十案在身」的訴訟奇景。

訴訟心法

證據取捨～
明足以察秋毫之末

❖案後記

二○○○年對我來說是非常「刺激」的一年，除了接手上述「十案在身」的訴訟事件外，我另外承辦的湯秀璸告先生「殺人未遂」案，也進入高等法院二審，而包大衛被告業務侵占一案，則等著高等法院的判決。

當時，我自己開設的事務所也併入宏鑑法律事務所，也因此許多科技廠商的商業官司，都排進了我的行事曆裡。而讓我的行事曆變得「擁擠」的關鍵，則是修博士學位的畢業論文。

在那一段時間，只要我醒著，除了努力完成工作上許多當事人的期待（打贏官司），回家就是坐在電腦桌前寫論文。累了就躺在地板上，以免睡得太久，而醒來就再接著寫，唯一不忍心的是，我太太既要照顧好兩個孩子，又不能讓孩子吵到我，以免增加我的壓力，很是辛苦。

這一年中，我雖然忙到不敢「上床」，卻忙得有代價，不僅完成了我的博士學位，也打贏了幾個案子，而在所打贏的官司中，印象最為深刻的就是這個案子！因為我只辦了其中一案，就讓另外九個案子全部解套了。

本案件更讓我體會到，不論當事人的糾紛有多少，都有其「核心問題」與「核心案件」。只要抓到「核心主軸」，很多事情即能迎刃而解。所以，不要怕案件的多寡，要擔心的是是否已掌握了「核心問題」或「核心案件」。

5 公司股東會糾紛～臨場反應決勝負

通常當事人和律師在聽到另一方採取的動作後，常常就會急於用「法」。但有許多應戰的技巧，並不會在法條當中顯現，只有靠臨場的反應了。

❖事件背景

每當企業發生經營權之爭時，「假處分」經常是股東們最重要也最能出奇致勝的利器。

二〇〇三年十二月十六日，一家科技上市公司因董事會中的不同家族為爭奪經營權，造成內鬥，延燒到了轉投資的證券公司。上市公司的董事長被撤換後，掌控該上市公司的新團隊A，打算對這家證券公司改派法人代表，甚至還有意要到經濟部商業司變更負責人，期能接管並掌控這家證券公司。

但證券公司的原經營團隊人馬B，尤其是負責人，為保住經營權，而與A團隊互相槓上。由於證券公司訂於二〇〇四年五月十二日召開年度股東常會，為防止A團隊在股東會上掌握多數股權，解任原經營團隊，雙方人馬莫不積極爭取各大、小股東的支持。其中，B團隊透過我的策畫，技巧性地取得了開會通知，掌握到該上市公司的全數股權及大多數的股東選票。

但就在股東會召開的前夕，A團隊卻對B團隊代表提出了假處分聲請，請求法院准許A團隊派代表參與該股東會。更嚴重的是，A團隊所提起的假處分一事，直到五月十日，也就是股東會召開的前兩天，法院才臨時通知B團隊開庭。

❖評估形勢，因勢利導

在五月十日的開庭中，雖然法官確實花了時間聽取雙方辯論，但我已感覺出法官的態度，不過代表B團隊的我仍然表示，B團隊可以提出書面答辯，以拖延法官做出裁定的時間。也因此，法官同意B團隊可於隔日下班前提出答辯，且法官也表明將在五月十二日上午做出裁定，而股東會則在當天下午兩點半鐘舉行。

雖然情勢明顯對B團隊不利，但我冷靜評估後，仍決定於五月十二日一大早，委請另一位律師同事到法院去，試著先從與書記官「聊天」當中，探聽法官裁定的可能內容。由於法官裁定作成後，須送達當事人才算生效，因此我派同事探聽裁定結果的用意是，如果裁定是不利B團隊，那麼這位同事就當場拒收，則法院須派人將這份裁定書送達到B團隊手中，而B團隊只要拖過下午兩點半鐘的股東會召開時間就行。

結果，裁定內容果如我所預估，不利於B團隊，在第一時間接獲假處分的主要內容後，我雖知其中有太多的「蹊蹺」，但仍很快地按捺住情緒。冷靜思考一番後，我認為法官所做出的裁定內容仍有很大的操作空間，有「轉圜」的餘地。

訴訟心法

訴訟辯論之計～
因勢利導，順勢而為

❖危機時的轉機

到了下午股東會召開時，A團隊在律師群的引導下，揮動著手中的法院裁定書，對著守在股東會會場門口的我頤指氣使地說：「你們要讓我們進場！」在我表明要詳看裁定書的內容後，對方以為已是勝券在握了，沒想到，看完裁定書的我心中一樂，即請股務人員開門，讓A團隊一行人進入會場。

但是A團隊代表律師隨即要求公司：「我們要報到，且要有股東的表決票啊！」此時，我即冷言回覆道：「法官雖裁定應讓你們進入開會，但並未要求公司應提供表決票，由A團隊行使股東權啊！」此時，A團隊代表律師竟指著我罵，我雖強忍情緒，但當對方愈罵愈凶時，我突然怒吼：「凶什麼凶，有事情去跟法官講！」我這麼一吼，A團隊代表律師竟然一溜煙地不見人影。

「誰啊，對我的律師那麼凶啊！」A團隊為首的人出面了，我快速分析局勢後認為，對方是當事人，而律師不宜直接槓上當事人，以免失格，所以我立即逼出了個笑臉，忍著不再回應對方任何話，並讓對方進入會場，以免失去當天開會的目的。

訴訟心法

不可預期的種種～
危機就是轉機

❖不忘當事人的委託目的

當然，法院的裁定最後仍未達到對方期待的結果。在對方進入會場時，B團隊早已取得代表該上市公司出席股東會的所有股東權表決票，而先前已經過預演的會議，很順利地在十分鐘內完成所有議案的討論與決議。

正當會議主席宣布散會後，A團隊試圖要延長議事，並以其所規畫的內容，企圖繼續召開會議，但是我隨即請股務人員關掉會場所有電燈、消掉所有的麥克風音量。而當A團隊成員準備開會發言時，我又靈機一動，邊拍打桌面，邊喊「違法」，而且鼓動四周的人員一起行動，以防止對方做了錄音的小動作，並用以作為違法申請變更登記的佐證文件。最後，A團隊見其目的無法達成，會議開不下去，只好悻悻然地離開現場。

通常當事人和律師在聽到另一方採取的動作後，常會急於用「法」。但有許多應戰的技巧，並不會在法條當中顯現，只有靠臨場的反應了。由此件事後，我也深信，法院未必是公正地處理假處分事件，因為在這一份法院的裁定書上，與其他的法院裁定書不同的是，正本的裁定主文上，竟有手稿更正的裁定文字。

事實上，這一場證券公司股東會的爭奪戰，當時成為業界盛傳的「經典」。而這一場股東會前後，我在時間匆促的情況下所做的判斷、決策，再次累積成為日後訴訟的重要技巧之一！

訴訟心法

訴訟的過程與決策～
隨機應變，當下決策

6 醫師殺妻未遂案～將心比心，背水一戰

任何人都沒有權利剝奪另一個人的生存權及生命的尊嚴……從接案時的背水一戰，到檢察官一句「要致被告於死地」，就已經達成了我的目標，也是我要為湯秀璸這位當事人所爭取的：公理正義。而這也是我作為律師，隨時提醒自己的。

❖事件背景

一九九八年三月二十五日，在我打電話給湯秀璸之前，湯秀璸的官司已進行了八個月又二十一天，結果檢察官卻是以不起訴處分結案。官司輸了，但湯秀璸被剝奪健康乃至生命權的事實卻不可能歸零。

就在湯秀璸決定控告丈夫的十年前，在一場大學校際聯誼中，湯秀璸與就讀陽明醫學院的簡先生相識。儘管湯秀璸患有類風溼性關節炎，簡先生仍然展開熱烈的追求，更以他家醫科專科醫生的專業，照顧湯秀璸先天病弱的身體。雖然兩家人都反對他倆的交往，但他們共組家庭的決心卻表現堅定。

一九九四年三月，湯秀瓚與簡先生在法院的公證下結婚了。只是，婚後他既未辦理結婚登記，更對妻子湯秀瓚「隱瞞」了更重要的事：自己的感情外遇，以及妻子的身體異狀。

結婚一年後的七月底，獨自在家的湯秀瓚發現到自己的右乳房有不正常的褐色分泌物，再仔細一摸，竟摸到了硬塊。緊張不安的她，自然先是詢問有醫師身分的先生。而簡先生在觸診之後卻稱：「無大礙，只是內分泌失調或精神過度緊張所致。」先生的話安定了湯秀瓚的心，她也因此不疑有他，沒有再向其他醫師求診。

事隔半年，湯秀瓚的右乳房流出血絲，但簡先生的「判斷」卻是：「乳頭流血不代表什麼，可能是洗澡太用力。」湯秀瓚無法接受，有意到醫院看乳房專科，簡先生竟厲聲對她說：「我就是家醫科醫師，再看別的醫師也一樣。」湯秀瓚再度收回腳步，而簡先生就在說完這句話後的幾個月就與外遇的護士訂婚。

直到一九九七年三月間，在家突然昏倒的湯秀瓚被送進了醫院，這一次負責診治的醫生親口證實：「妳已經罹患乳癌第三期。」簡先生在聽到「同業」的診斷，對這位體重驟降到二十八公斤、五年存活率不到百分之五十的妻子，僅僅探視一次後，便不再聞問。

「討回公道」成為湯秀瓚最大的生存意志。一九九七年七月四日，湯秀瓚委由律師同時是婦女新知基金會董事長王如玄律師遞狀到檢察署，控告簡先生和外遇對象妨害家庭罪，並加控簡先生殺人未遂罪。「醫師殺妻未遂案」轟動了整個司法界。

但第一次開庭時，葉姓檢察官竟訓斥湯秀璸：「自己的健康自己不注意，還要怪別人！」這一句話，仿如半年後的不起訴書的引言。

❖認識七年，卻在接案後第一次見面

聽到是告「殺人未遂」，我嚇了一跳！雖然我很同意湯秀璸所說：「任何人都沒有權利剝奪另一個人的生存權及生命的尊嚴。」但我也認為，要以「醫病關係」去判定簡先生有意謀殺湯秀璸是非常困難的，但若從「夫妻關係」切入，則控告簡先生對湯秀璸惡意遺棄，或是過失致重傷，成立的機率會提高很多。

我的判斷，除了來自律師的專業外，其實也包含我對湯秀璸身心壓力的關心與瞭解，因為當時我與她認識已超過七年。不過，我們都只透過電話連絡，這七年間未曾見過面。而我會與湯秀璸成為「電話好友」，是因為當時我與她所任職的出版社在合作上面出了點問題，在多次打電話給出版社未果下，本想放棄，但在我最後試著再打時，正巧是她接了我的電話，她熱心地為我解決困擾，兩人就此結緣。

在我南下創業期間，經常南北奔跑，暫時與湯秀璸失去連絡。沒想到，再聽到她的聲音，理性明朗依舊，但身心卻已深受重創。

一九九八年二月底，湯秀璸打開了檢察署寄來的不起訴處分書：妨害家庭和殺人未遂兩案都不予起訴。無法接受的湯秀璸決定向高等法院檢察署聲請再議。原本委任的王如玄律師出國進修在即，於是湯秀璸向我開口，希望我能承接這個案子。只是，那時的我才從大陸出差回到台灣，且遭遇嚴重感冒，因此無法答應她。

三月二十五日，總算從重感冒中復原的我，想到湯秀璸的事頗為愧疚，於是打了電話給她，希望還能幫點忙，沒想到她在電話那頭竟說：「一直在等你這一句話，能不能幫我？」我隨即笑著說：「若要我幫，就趕緊提供資料給我吧！」

掛上電話，我就只是外出吃個簡餐，再回到辦公室時，湯秀璸送來的所有資料早已靜靜地躺在我的桌上。「看來，她真的是在等我同意！」我很是驚訝地心想。於是我馬上翻開卷宗，一行一行地仔細閱讀，直到半夜才看完所有資料。

在我答應擔任湯秀璸的委任律師後、高檢署發回更審之前，還發生了一段小插曲。當時的我雖已接觸基督教，但尚未受洗，我的一位客戶好友一直向我「傳教」，希望我能受洗。後來這位好友邀請我一同參加週末一場由國外知名牧師在林口主持的醫治佈道會，我就對好友說：「我會帶湯秀璸一起去，若湯秀璸能站起來，我就受洗。」

在那個週末早上，我與在電話裡「認識」七年的湯秀璸第一次見面，而看到坐在輪椅上瘦小病弱的她，我一把就抱起她，走下一個又一個的台階，試圖擠過人群，好靠舞台上的牧師更近一些，讓她得到「聖靈治療」。雖然那一天她還是沒能站起來，而我後來仍受洗成為基督徒，但我當時會那麼做，實在是想為恐怕「來日不多」的她多做些什麼、多爭取些時間，我心想，她不該遭到這樣的待遇。

三月三十一日，我送出寫好的再議狀，兩個星期後，亦即四月十四日，高檢署就發回更審。

訴訟心法

訴訟的三角關係～

知己知彼，將心比心

❖再議狀：檢察官「尸位素餐」？

事實上，我在薄薄沒幾頁的再議狀裡，並沒有寫出什麼大道理，能使高檢署如此「火速」地將湯秀璸案發回台北地檢署重新調查，我只是「將心比心」地想：沒有人想做我狀子裡「尸位素餐」的人。

事實上，接這個案子讓我有背水一戰之感。因為客觀而言，我並不認為「殺人未遂」的罪名能夠成立，其實只要告遺棄，一般社會大眾是可以容忍的，但一下就拉高到「殺人未遂」的層級，如此「不是一，就是零」的訴求，社會自然會有所猶豫，風險太大了。但從電話裡，我可以感受到湯秀璸所受到的折磨和痛楚，而我在湯秀璸日後出版的自傳《逆風飛颺》中，也才知道她在獲知不起訴處分後，萬念俱灰，但又想在有限的生命裡，爭回一點正義。

在我答應辦理後，我深知湯秀璸對我的期待很高。可是，我其實沒有十足的把握，「殺人未遂」並非我所設定，但已無選擇，只有反覆思考，而且又得與她身體能撐的時間競賽。

於是，我使出我的兩大絕招。第一招是，「問為什麼」，這個發生時間前後長達十年的事件，在與我對話的三十分鐘裡，湯秀璸最先脫口而出的內容是哪些？然後我再從這些內容去分析，她受到什麼樣的挫折？最在意的是什麼？要爭取什麼？

第二招則是「寫大事記表」，如此不但能清楚掌握事件的來龍去脈，還能從中挖出衝突、矛盾和疑點，這是發現事實真相和打贏官司的關鍵之一。

在使用過這兩招之後，我再把思緒拉回這件官司的起點：以通姦、殺人未遂兩項罪名控告簡先生。我想起，在地檢署的不起訴書中，檢察官寫了這麼一段：「告人通姦，必須有證據。」而因為湯秀璸未提供抓姦在床，甚至是簡先生留在其外遇對象身體的精液等等證據，於是檢察官認定此案不成立。但沒有提供證據，不代表真的沒有，為什麼不查呢？此案還在偵察中，檢方可以主動偵辦啊？我隨即振筆疾書，在給高檢署的狀子上寫出以下這一段文：

按倘實務上認定相姦或通姦行為須以捉姦在床為要，則若被告XX之下體有簡XX之精液反應，即是說明被告等二人有通姦之行為。原偵查機關明知再議人業已身患重病，仍執意要求再議人須「捉姦在床」，無異強人所難，則國家設立偵查機關之目的，即蕩然無存，而所有職司偵查之檢察機關又有何存在之必要。倘所有犯罪均要求告訴人應提出確切證據，則告訴人又何需要向偵查機關提出，而法律又何需設立偵查機關。

我的真正用意並不是要指責地檢署或檢察官，而是在給予高檢署「道德壓力」——若他們不想做與地檢署有相同嫌疑的「尸位素餐」之人，就應將案件發回，重新調查。我之所以採取這種非常手段，其實是以將心比心的角度，從人性分析法官、檢察官們會有的考量。畢竟，「殺人未遂」的罪名太重，檢察官或法官都不願輕易以此定罪，但也因此在調查上更應審慎仔細，不能囫圇吞棗。

三月三十一日，我的再議狀裡以上述的文字，表達了這個令高檢署檢察官感到沉重的理由：願否做個「尸位素餐」的人。結果，四月十四日，高檢署表示：「實有調查之必要。」便將案子發回地檢署續行偵查。五月底，此案重新在台北地檢署開偵查庭。

訴訟心法

訴訟表達～
不同訴訟，不同手法

❖四道火圈，讓對方無所遁形

在向高檢署遞送再議狀的同時，我也已做好發回續行偵查的佈局準備，也就是用「鄉村包圍城市」的策略，設出四道火圈，即殺人未遂、過失致重傷、惡意遺棄、違反醫師法等四項罪名，讓對方無法遁逃。

其實，在重新偵查的過程中，檢察官有時也會不解，何以我控告簡先生的罪項如此多。我就會強調：「這是刑法典型的不純正不作為犯。」且畫個圖向檢察官解釋：

簡先生發生婚外情，是對湯秀瓊「殺人未遂」的動機，故告殺人未遂；

替湯秀瓊檢查乳房，明知有異，卻不告知與尋求診治，故有過失致重傷之罪；

湯秀瓊告知簡先生自己罹患乳癌後，作為具有醫學專業的先生，卻未加理會和照顧，故告遺棄；

替湯秀瓊取藥但未看診，故違反醫師法。

由於一開始就是告「殺人未遂」，我接手後，在無法更改這個主軸下，就另外再設三道防線，當然主要火力仍集中在「殺人未遂」的罪名上。如果對方攻破首要防線，也還得再去破解其他三道線。也就是，「殺人未遂」是我「鄉村包圍城市」策略中的「城市」，而另外三道防城就是包圍城市的「三個鄉村」。

同時，此策略也是加重檢察官辦案的壓力，也就是說，如果「殺人未遂」無法成立，仍然要詳細調查另外三項罪名，才能算是「調查完全」。而原本「殺人未遂」的罪名，讓對方把湯秀瓊與簡先生引導成了醫病關係，要說醫生未告知可能的病況，就有殺人動機，成立難度最高。但我新設立的三道線，就淡化了醫病關係，改為強調家

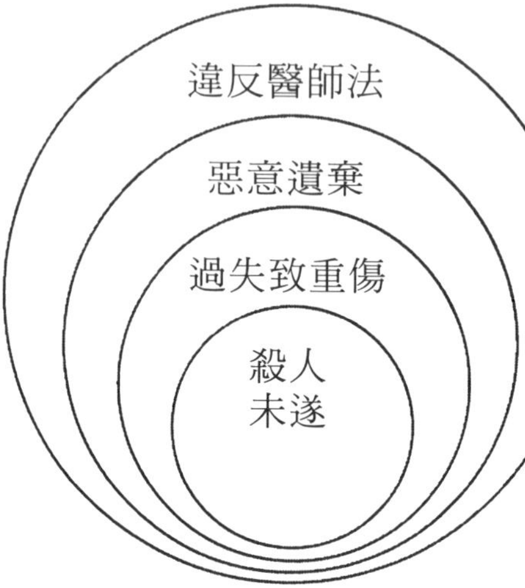

庭、夫妻之間應有的忠實與相互扶持義務等關係，則已有外遇的簡先生，被推斷有殺人動機也就較為合理了。

至於我強調簡先生有「動機」的方式，則運用了簡先生寫給其女友的卡片、情書，於是從寫書狀，到每回出庭的一開始和結尾，我會暮鼓晨鐘般，一再重述簡先生寫的文字：

「回到房間，有你的影子……。幾天來，想XX，是唯一的生活支柱。」

「湯之事，一直是我最痛，但我一定料理妥當。」

「難關將度，曙光已現。」

每唸完一次，我就對著檢察官及對方

律師再次詢問：「這是什麼意思？怎麼一回事？」我不厭其煩地重複，就是不讓對方模糊掉焦點。

至於在醫學專業的部分，則由古清華律師負責攻防，例如，簡先生是受過完整訓練的家醫科總醫師，且曾經親自翻譯癌症治療與防治相關文章，具有專業能力，而有知情的「故意」；為湯秀瓊診查後，在法律上負有繼續治療的義務等等。而簡先生作為比一般人具醫療專業的丈夫，卻在為湯檢查之際，又暗自經營婚外情，更公然與婚外情對象訂婚，以及湯秀瓊在被醫師診斷為乳癌第三期後，他就自此不再聞問的種種惡性表現，則成為控告他「過失致重傷」、「遺棄」的根據。

訴訟心法

策略規畫～
借形造勢，以勢制敵

❖一句「致人於死」，勝負已定

重新開偵查庭，簡先生一方仍固守在醫療行為上，因而要求調閱湯秀瓊的就診病歷。七月中旬，調來了榮總的病歷，簡先生的律師與古律師在看過專業病歷後，在庭上協商如何閱覽該病歷。同時間，我冷靜地向檢察官借來該病歷翻閱，雖然看不懂大多以英文醫學術語陳述的診斷、治療用藥、就診紀錄等內容，但我不氣餒地持續翻著翻著，竟看到一個令我眼睛一亮的「印章」，我隨即舉手發言：「為什麼湯秀瓊的病歷上，會蓋有簡先生的印章？」

當檢察官前來察看我所指的位置時，我說：「你看，簡先生有幫湯秀瓊看病啊，不然為什麼要蓋章？」

見我有大發現，簡先生在另一旁馬上大聲地說：「沒有！沒有！沒有！我沒有幫湯秀瓊看病。蓋那章，是因為她有一些慢性病，我是醫生可以直接幫她拿藥，不用幫她看診，蓋章就可以拿藥。」

聽完簡先生的辯駁，我立即站起來發言：「報告檢察官，請記明筆錄，八十四年七月至八十五年一月間，簡先生沒有幫病人看病，就幫病人拿藥，這違反了醫師法！」我當場立刻加強第四道防線，同時發揮了火力。

我一說完，檢察官就對我說：「大律師啊，你一定要致被告於死地嗎？」我回覆道：「報告檢察官，怎麼會這樣說我呢？本案是被告要致告訴人於死地，還是我要致被告於死地？請你要調查清楚啊！」

這一庭結束，我就知道官司會贏了。但我當時沒有把握的是，檢方會用哪一項罪名起訴，不過我仍對湯秀璸說：「只要起訴，就算贏了。」

一九九八年十月十二日，台北地檢署依妨害家庭罪，將簡先生和其外遇女友提起公訴，另加控簡先生「殺人未遂」罪，「以不作為達到致人於死之不純正不作為犯，認定他有殺人未遂犯行。此見解，在國內司法機關中實屬罕見。」如此評論，紛紛出現在各大媒體報導的版面中，可見風波之大。甚至，在起訴宣告的隔天，連我都接到香港媒體的採訪要求，但只要是在法庭以外，我不願作多餘的發言。

由於是公訴罪，一經提起公訴，就是檢察官與被告之間的戰爭，而提出告訴的湯秀璸與律師就「退居二線」，因而我和古清華都認為，這是給湯秀璸最好的中秋節禮物了。不過，簡先生一方並不會善罷甘休，也果如我所預料，又再經歷上訴、發回等程序。

訴訟心法

證據取捨～
明足以察秋毫之末

❖公理正義

一九九九年九月九日，法官依「殺人未遂」罪名，判處簡先生六年五個月有期徒刑，通姦罪部分則無罪；至於所提刑事附帶民事的損害賠償，一審法官判決簡先生需賠償精神損害部分三千萬，勞動力喪失部分五百萬。在獲知這結果時，湯秀璸反倒很平靜地表示：「這項判決，對我及許多人而言，形式意義大過實質。」

而在二〇〇〇年六月底，高等法院二審宣判，結果是，簡先生故意使人致重傷，改判五年有期。這一次判決出爐後，湯秀璸再次接到來自各方關心的電話，雖然顯示此案的重要與影響，但湯秀璸的心境已經改變，她要更專注地與身上的癌細胞「互動」，她想花更多心力在癌症病友、不婚媽媽等等人事上，她決定原諒簡先生，結束這整起事件，甚至她還改了名，好讓這段「歷史」真正地過去。

二〇〇一年二月間，湯秀璸答應與簡先生談和解，但沒想到，事後簡先生寄來的和解書，完全與協議的內容不同。當時，案件正好發回刑事法院更一審，在高等法院開庭時，湯秀璸已不再出庭，由我全權處理，幾次在庭上的攻擊，讓對方在招架不住之下，終於打電話給湯秀璸，要求重啟談判。

在接到了湯秀璸表示對方要和解的電話後，我馬上趕到了湯家，當場撥了電話給簡父說：「簡伯伯，請你告訴你兒子，若真的要和解，就依他與湯小姐談好的金額，一次給付。如果做到了，我可以考慮不出庭，請再考慮考慮。」

二〇〇一年三月，湯秀璸與簡先生雙方代表，在法院辦理了和解書公證。六月二十一日，高等法院合議庭更一審宣判，簡先生無罪。不過，合議庭在判決中以嚴厲的言詞指稱，簡先生的行為在道德上實已難容。

雖然，湯秀璸的案子，最後在她個人的考量、「不積極作為」下，以和解收場。社會上有許多議論，或說惡人未受懲罰，或說湯秀璸未能堅持云云。

但對我來說，從接案時的背水一戰，到檢察官一句「要致被告於死地」，就已經達成了我的目標，也是我要為湯秀璸這位當事人所爭取的：公理正義。而這也是我作為律師，隨時提醒自己的。

四汴頭的案外案～證據是最好的武器

我一開始就對余慎直言：「這一筆錢的用途證明，將是你被判刑輕重的最大關鍵，也是抵擋政治迫害的最佳防禦武器。」就我來說，接案有個基本原則，就是要看到證明文件才算數，尤其是這種令人會聯想到「政治迫害」的案子

❖事件背景

一九九六年七月最後一天，賀伯颱風帶來的洪水淹沒了板橋四汴頭抽水站，卻也沖出了四汴頭工程弊案的發展。前台灣省住都局局長伍澤元被懷疑於一九九二年十一月發包四汴頭抽水站興建工程時，收受廠商賄賂，並於一九九六年四月被提起公訴。就在同年八月一日，賀伯颱風走後兩個多月，伍澤元遭收押；十二月二十三日，板橋地方法院就宣判，伍澤元無期徒刑。

而在地方法院審理過程中，曾為伍澤元競選時處理財務的余慎，被懷疑與伍澤元的多筆資金往來有關，遂生出余慎居中擔任「白手套」的案外案。

根據地方法院的審理認為，在一九九二年四汴頭抽水站興建發包工程期間，當時正在參選立委的余慎，先後間接收取得標廠商交付的六百萬元、兩千萬元兩張支票，然後再轉匯至伍澤元的帳戶。

雖然余慎在伍澤元案件的地方法院作證表示，六百萬元是出售屏南工業區廠房所得，買方覺得買便宜了，便以該筆款項作為贊助余慎選舉的政治獻金；至於，另外一筆兩千萬元，則是余慎為了籌措競選經費，以一點六億元出售南屏工業區的廠房土地，買方所支付的訂金。她否認有幫伍澤元收受賄賂。

但地方法院仍認為，這兩筆錢都是四汴頭得標廠商透過余慎轉介給伍澤元的賄款，余慎也是舞弊共犯，因而將她另案移送偵辦。事實上，此事件曾由板橋地檢調查過，而檢方認為無犯罪事證，乃以不起訴結案。只是判決伍澤元有罪的地方法院，不相信余慎的證詞，乃重新移請地檢署偵辦。

❖證據阻止政治迫害

一九九六年底，由耶誕節、跨年、元旦所串連起來的節慶氣氛，讓大部分的人都無心工作，有人更是乾脆休工渡假去。但一早就坐上飛往高雄班機的我，只能低頭看著登機之前由祕書才整理好的新聞剪報本，而每當快速翻往下一頁資料之際，我就分別用紅筆、藍筆寫下一行行的疑問與註記。

其實，我心裡也很清楚，這件案子的偵辦和審理，當然脫離不了政治的影響或迫害，但就算用政治力還擊也無濟於事，所以不如回歸案件本身，再一次清楚檢視案件的事實核心。

一個小時之後，我見到了在新聞中不斷出現的主角：余慎。雖然余慎見到我時，篤定地強調她是受到政治迫害，但我確信以此面對檢調的偵辦、向地檢署「喊冤」，是無濟於事的，必須直接切入余慎被移送偵辦的核心——不法貪瀆的金錢，亦即余慎是否有間接幫伍澤元收受兩千六百萬元的「賄款」。

若是一般人，不要到被移送法辦，光是聽到被告，恐怕就會驚慌焦慮，但余慎畢竟是當時國民黨內少數身經百戰的選舉女將與地方民意代表，因四汴頭工程弊案而被移送法辦的她，見到我時，一開始即怒口抱怨法院、地檢署，乃至強調政府「打壓」，但多半時候，她外表看來仍是一派平靜。至少，在接下來的兩個小時裡，她就是一副沒什麼大不了的神情，聽著我對案情的解析。

由於其中的六百萬元是政治獻金，事實內容較單純，我認為不是問題，另外的那兩千萬元才是我所要瞭解的焦點。對此，余慎倒是很一致地說：「是賣廠房土地的訂金。」

但問題是，余慎從頭到尾都只有說，完全沒有提出證據，而且竟還在沒有可「防身」的證據「保護」下，「挺身」替伍澤元出庭作證，才會落人把柄。果然，審理伍澤元的一審法官就認定，那一筆兩千萬元訂金是余慎共同舞弊的獲利。

而我對余慎一再強調的，也正是能證明這一筆錢的文件，所以我一開始就對余慎直言：「這一筆錢的用途證明，將是你被判刑輕重的最大關鍵，也是抵擋政治迫害的最佳防禦武器。」

訴訟心法

重回事件原貌～
人、事、時、地、物

❖找不到證據，就準備坐牢

一般律師可能在聽完余慎的說法後，會馬上將重點放在政治迫害層面上，然後再按余慎的陳述，找出適用的條文內容。他們往往忽略很多隱藏未現的事實，或對很多的線索視而不見。例如，他們可能接受余慎的「買賣交易」說法，認為那不是政治獻金、不是貪瀆，但也僅止於「認為」，不再做進一步的「確認」。

但就我來說，接案有個基本原則，就是要看到證明文件才算數，尤其是這種令人會聯想到「政治迫害」的案子。在余慎的案子裡，我要親眼看到的，就是那一筆兩千萬元用途的證明文件。「每個被告貪瀆的人，都會說是買賣交易，若說不清楚，就改稱是借貸。所以，沒證據，就不會有人相信。」我直言道。

只是，在我毫無保留地說明之後，余慎卻沒有任何明確的回應，甚至別有所思，當場只是留下了我的名片，便結束了兩人第一次的會面。

但三天之後，我突然接到了余慎的電話：「我想委託你了。」儘管余慎打的這通電話就跟第一次碰面一樣有點讓我莫名其妙，我還是同意擔任她的律師，不過在掛上電話之前，我對余慎很嚴肅地說：「要我相信你說的那兩千萬元是買賣廠房的訂金，就請你提供證明資料！」余慎雖然爽快地回應說：「好啦，我會去找找。」但我卻已有不太樂觀的預感。

果然，沒多久，當我追問余慎是否找到相關資料時，她的答案都是「沒有。」之後，連續再問三次，她仍只是雙手一攤地說：「我已經找不到了，怎麼辦？」我便直接了當地回答說：「那就只好準備去坐牢了！」

❖教導蒐證，長期抗戰

縱橫政壇二十六年的余慎，行事一向是「她交代，別人照辦」的氣派，大概從沒遇過像我這樣的人，不但有話直說，而且在找到證據文件這件事上，比她自己還要堅持和努力。其實余慎一度也坦承，她自己都不知有沒有賣廠房土地的交易證明，因為許多事務都由她的助理辦理，她已經不太記得了。「沒有別的辦法，就是一定要找到。」我這番話，讓已生放棄念頭的余慎更有「走投無路」的壓迫感。好不容易，余慎找到第一份資料，就是買賣契約書。我看到後，並沒有余慎想像中的高興，只是對她說：「不夠！這麼大的一筆交易，沒有見證人，仍然無法說服人，再去找找。」

不過，說完「狠話」的我，仍會三天兩頭就跟余慎連絡，或是向她分析找出證據文件的必要性，或是細聽她找不到證據的原因，甚至會像醫生在問診、還原發病前後作息般，以幫助她找出與證據相關的蛛絲馬跡。

「什麼時候成交？哪一天付款？怎麼付款？」我追問，但余慎想不起來。「對方是用現金付款嗎？怎麼捧來的？誰捧來的？」我連珠炮般再問，余慎則是用力回想。

就這樣，從廠房土地的位置、交易的期間，以及完成交易所需的公證資料等，我不斷丟出問題。每問一次，余慎就從家裡、辦公室到經手單位去翻找一回，果然陸續找出了增值稅、契稅等憑證。三個月後，余慎終於找到最重要的證據：到屏東地方法院辦理買賣交易的公證書。

訴訟心法

證據取捨～
明足以察秋毫之末

❖角色定位，書狀保命

「找到了！」電話裡頭我明顯感受到余慎的興奮，同時，她也感謝我的「堅持」。在把公證書寄給了我之後，她便大鬆一口氣地過年去了。而接到重要新證據的我，只好在一九九七年二月六日後為期五天的春節假期裡，埋首寫書狀。

在訴狀裡，我不但對整筆交易說明得清清楚楚，所有相關證據文件更是一應俱全，而「審理伍澤元的板橋地方法院，為什麼不能相信屏東地方法院的公證人和公證內容？」這一段問句，更導引出後來令人驚訝的結果。

過年後，審理伍澤元案的高院法官再次傳訊余慎，此次余慎再次作證，就不像在地方法院一樣毫無準備了。她拿著我所寫的書狀，作為她的證詞基礎，高等法院也看到了我所寫的書狀及新事證。

一九九八年四月二十三日，台灣高等法院二審宣判出爐。對於一審認定伍澤元收賄兩千六百萬元中的兩千萬元，經高等法院調查後，確定是余慎與他人不動產買賣的部分價款，合議庭認為，這兩千萬元並非余慎代伍澤元所收受的賄款，因而使伍澤元的刑度獲減輕。顯然，我的書狀發揮了作用。

但是，余慎的命運就沒那麼好，負責偵辦她的檢察官，最後仍以余慎是幫伍澤元洗錢的白手套，決定起訴余慎。

「我在過年前就已經知道會這樣了！」獲知檢方決定的余慎對媒體透露，她不但找了律師，更找到了土地買賣的重要證物，「如果這些稅單、公證書還不能證明是真買賣，那一般的房地產買賣要如何才能證明？」在媒體面前，余慎顯得激動。

事實上，在過年前，亦即余慎被起訴前，檢察官先是對她表示，之後若傳訊她，就不要來開庭，我隨即回擊：「若不要我的當事人開庭，又何必傳訊她？」而在起訴後，檢察官面對開庭的法官，竟對法官說：「報告法官，此案可否先不要審？先等伍澤元的案件判決再說。」法官則不以為然地回道：「那你為何要起訴？」

從檢察官要求余慎「不要出庭」、請求法官「先不要審」，我才篤定，那一張出自屏東地方法院之手的公證書，讓我的當事人已站上了優勢，也讓我不得不懷疑此案件有不單純的政治背景。

一九九八年五月十五日，板橋地方檢察署又再次傳喚余慎，雖然伍澤元的二審法院已認定兩千萬元是余慎購地款項，只有六百萬元是所謂的政治獻金為賄款，但偵辦人員以要對資金流向再做調查為由，請余慎出庭應訊。

一九九九年七月二十二日，余慎竟又再被新北市調查站依共同正犯移送法辦，許多的法律手段與程序，在在透露出不尋常的訊息。不過，在攤開的公證書裡，余慎的廠房土地買賣確為事實，伍澤元被判的刑期從十二年、十年半，一路減輕到七年半，罪名也從「違背職務受賄」改為「不違背職務受賄」。

❖堅持訴訟的心法

我感嘆地說，余慎的案子是對擔任證人的人很好的教材，余慎明知自己在伍澤元的地方法院審理時，還沒有準備好要擔任證人，卻急忙出庭作證。如果她先前找到可保命的「屏東地方法院的買賣合約公證書」，就可以免去訴訟的牢獄之災，而她急急忙忙地為伍澤元擔任證人，結果是讓自己也身陷囹圄，得不償失。

四汴頭案因為伍澤元於二〇〇八年九月二十二日病逝而漸漸失去媒體關注，本案鋒頭已不再如當初案發時令人矚目。但對我而言，在接手人生的第一樁政治案中，我所採取的長期抗戰、教導蒐證、比當事人還堅持等策略，使我更加確信，不論是否有政治迫害陰影的案子，堅持訴訟的心法原則，是律師執業生涯的重要祕笈！

❖當事人的心態

這整個案件的發展與結果，多在我事前沙盤推演的預料中，但唯一讓我「神算」不到的是：「余慎為什麼是找我？」

有一回，我忍不住開口問余慎。余慎先是笑了笑回說：「沒什麼啊？」接著就說出令本身是基督徒的我噴飯的緣由。原來，余慎在首次見到我之後，就把我的名片放在神明桌前，拜了三天，然後擲筊。雖然擲出三個聖筊，但余慎覺得不夠，再去問一名通靈人士，通靈者告訴她說：「這個可以，可以找他。」

聽完，我心想：「沒想到我花了兩小時分析案情，還抵不過三個聖筊和一名通靈者。」但余慎的決定理由，其實也正是許多台灣人的典型。所以，在官司期間，一件媒體報導不當的案外案，余慎和我的處理方式就很不同。

一九九六年十二月三日，《聯合晚報》以頭版大幅報導，檢調人員搜到伍澤元坐在余慎大腿上的親密照片，讓人誤解兩人之間有不正常的關係，不但重傷余慎名譽，連帶也對四汴頭案有不利影響。我主張要告該晚報誹謗，但余慎卻說：「不告！」

一九九七年一月中旬，余慎突然打電話給我：「張律師，就聽你的，告吧！」原來，余慎也問過神明該不該告《聯合晚報》，神明「指示」，要到元旦過後再告，所以在報導刊登過後一個多月，才提出告訴。

我曾在高雄開業，也有過類似的經驗。某天早上來了一位客戶，談了很久後，決定委任我擔任律師，而且還預付了所有費用。結果，到了下午，這位客戶打電話給我說：「不好意思，我去算命，算命仙告訴我，你這位律師不會走後門，可是對方會走，所以我還是換一位律師好了。」而我聽完後，二話不說，就把錢退給了這位客戶。

許多人還是比較信神明，不信律師！這也是我執業的一個心得。但也正因為這樣的體悟，反而使我更瞭解人性，也成為我判斷當事人「陳述」是否合理的重要基礎。

訴訟心法

律師的角色～
行所當行，為所當為

8 首例營業祕密起訴案～因勢利導致勝

我在法庭內外時而軟化、時而強硬的做法，是為了兼顧友訊、檢察官及威盛三方的立場，而整件事圓滿落幕，是在起訴後的兩年。對此，我最大的心得是：在不同情形下，律師必須知所進退，完全清楚當事人的想法，但也須提醒他們注意可能會遇到的問題。

❖事件背景

當二十一世紀被宣告是知識經濟時代之際，企業界，尤其是知識含量特別高的科技業，也步入更加激化的商業競爭。於是，企業的「知識產權」，即智慧財產權，不但成為他們在全球市場攻城掠地的利器，更常見高科技公司透過訴訟，以捍衛「知識產權」的手段，作為營運策略之一。

於是，侵害著作權與營業祕密，也就成為二十一世紀企業界發生率最高的「犯行」之一。而在以高科技為主流產業的台灣，侵權官司更是司空見慣。

二〇〇四年，國際知名的 LCD 控制晶片大廠捷尼半導體（Genesis），一舉對晨星半導體、晶捷科技及創品電子等三家晶片廠提起告訴，日本夏普（Sharp）則告上中華映管、大同與東元電機，但同樣是侵權官司，這些跨國案例雖然備受矚目，卻遠比不上網路設備製造商友訊與晶片設計公司威盛這兩家有合作關係的國內廠商，因對簿公堂在台灣所引發的軒然大波。

原因就在於，友訊除了控告威盛侵害著作權之外，同時也指控威盛負責人涉及刑法背信、妨害商業祕密等等公訴罪。事件的源起在一九九八年，友訊接受政府委託，執行技術專案研究計畫，由友訊某工程師出任專案負責人。由於這項專案計畫，在使區域網路內電腦主機能相互交換資料之多埠橋接設備，不需更改協定或工作站，即能較集線器大幅提升網路效能，但價格遠較集線器高昂。其中該系統的晶片模擬測試程式，能測試晶片發展階段之除錯及效能驗證，所以被友訊列屬為公司的機密資訊。

二〇〇〇年三月一日，自威盛離職的前市場經理某高階員工，到友訊轉投資的設計公司九暘（前身為大智電子）任職，並且加入友訊的上述專案研究計畫小組。二〇〇一年五月二十九日，在專案計畫結束後，該員工即離職，同年八月十六日，他隨即重回威盛持股逾百分之九十的子公司威瀚出任資深技術顧問。當該員工重返威盛後，友訊同仁再進入系統時發現，機密的晶片模擬測試程式遭人下載重製，十一月五日，友訊更在威盛提供客戶下載資料的 FTP 網站中，看到了這自家研發的部分機密程式。

友訊在進行內部調查後，察覺該員工離職時間異常，懷疑其是由威盛派至友訊的「商業間諜」，在取得友訊機密程式後，再上傳並重製該項程式到威盛網站，供威盛測試研發第三層交換器晶片的優劣。二〇〇一年十月，友訊委由我對威盛提出告訴。

訴訟心法

靈活操作訴訟技巧～
格局，佈局，步局

❖清楚友訊需求，巧妙佈局角度

刑事訴訟不是單純地適用刑法的犯罪規定，它是一種策略。所以，提出刑事告訴，必須依不同的人、事、時、地、物，採行不同的手段。這也是我在接獲友訊案時，最先思考的前題。

我會有如此考量，是因為友訊所要告的對象是威盛，而威盛也算是國內業界的「大鯨魚」。尤其，當時威盛才被全球半導體龍頭英特爾（Intel）控告侵權，對於再次被告，處理經驗與專業必然十足。

雖然友訊與威盛的事件原本應該可以用和解來處理，但由於友訊一直無法與威盛取得協商的管道，所以友訊深知，除非提起訴訟，否則不易取得會談。因而友訊與我很快就取得了第一個共識：提出訴訟。根據友訊所描述的事件原委，我評估已構成刑事追訴的條件，而透過刑事告訴途徑，更可使友訊取得談判上的優勢。

不過在一開始時，友訊曾屬意採高科技業訴訟慣用的「證據保全」，或申請搜索票等等手段。但我卻認為，由於友訊所掌握的資料並不完整，而高科技的犯罪又非常隱密，調查難度很高，一旦進行「證據保全」，反而會打草驚蛇。

因而，要對威盛這家大公司提起刑事告訴，就要換個方式。然而，換個方式反而讓我面臨更大的壓力：要說服友訊接受、要說服檢察官認為有必要偵查，在操作上仍有許多不可控的風險。

有許多律師不會思索案件發生的核心原因，就只按自己的想法去做，也不太會去問當事人希望怎麼做、在意什麼，自然也就不用花時間去修正訴訟策略。但我很謹慎地與友訊互動，也瞭解友訊最大的目的是：要威盛承認錯誤，好對友訊內部員工有個交代，在業界以正視聽。

我所切入的訴訟角度，並非單純只是威盛對友訊的侵權，還包括了前威盛員工，亦即友訊離職員工所違反的保密合約（即洩漏工商祕密罪）、重製晶片模擬測試程式（即侵害著作權），屬於背信行為（即刑法背信罪）。而合理推論，威盛高層應有涉嫌指使其員工從事上述行為，屬於刑法上的共犯，因此也一併對該公司總經理陳文琦及董事長王雪紅提出告訴。

在向委託人提出建議時，若要委託人認同和依循律師的做法，就必須預先評估，策畫訴訟的走向，畫出一幅具有說服力的圖畫，並說明在過程中可能會遇到的困難，同時要將心比心，評估對方可能的攻防動作。

另外，在訴訟過程中，我會事先將每個階段可能遇到的問題、因應方式，做細膩中肯的分析，讓友訊主管群很快就能聽懂，並且瞭解整個事件的發展方向與全貌。

而我評估友訊案會遇到的難題，除了檢察官能否被說服之外，還有客觀資料是否有利、威盛的答辯說詞是否會超出預期，以及友訊是否會堅定態度，不輕易改變意見……當難題一一被列出來時，我就在腦中一一構思解決之道。

訴訟心法

訴訟的三角關係～
知己知彼，將心比心

❖細心溝通技巧，正確回應檢方

此案最為關鍵的技巧之一，就是與檢察官的互動。因為我方面對的是大鯨魚，所以要將心比心，不去逼檢察官，以免讓檢察官有太大的壓力。

在友訊訴請台北地檢署偵辦後，我最常對檢察官說的一句話就是：「沒有關係，你慢慢調查，如果有欠缺或需要什麼資料，我馬上提供給你。」對我來說，只要檢察官要求的愈多，就愈能瞭解事件的全貌。所以，在請檢察官傳訊王雪紅、陳文琦時，我對檢察官非常有禮和「體貼」，經常將「報告檢察官」、「好，謝謝！」掛在嘴上。雖然檢察官在偵察的八個月裡不開庭，我也是一直寫狀子，而檢察官就表示正在函查中。

至於應對威盛時，我也是盡量低調，如果有任何事情，我就用書狀表達，而不是在偵查庭上以言語激怒對方。當然，在開庭時，對於必要的案情、對方的說詞或攻擊，我一定會馬上做回應。

由於友訊向來行事較保守，而參與此案的友訊主管也表示，「有些事通常一講，就講死了，還不如少發言，給彼此留一條路。」因此，我對外始終謹言、不張揚。事實上，我如此因應，也是因為我預先做好「知己知彼」的準備工作，對威盛有所理解。

威盛在過去曾是紅極一時的「股王」，且其對抗英特爾的故事是眾所皆知的；加以威盛的董事長是企業家王永慶的女兒，「有其父必有其女」，可以如此推斷該公司的文化。而友訊與威盛的交往經驗，也提供我許多寶貴的訊息，得以做出正確的判斷。

正因為如此，我對於威盛會如何因應侵權訴訟，也就瞭若指掌。但威盛在被提起公訴之前的表現，卻比我預期的「低調」。因為連續三次開庭，王雪紅、陳文琦都未出庭，而且每一回指派的開庭代表都不同，這樣反而使得王雪紅、陳文琦無法完全掌握開庭的詳情。

王雪紅與陳文琦的「意外」表現，反而為我製造了有利情勢。第一次見王雪紅、陳文琦未出庭，我就發言：「報告檢察官，這樣子的話，真的有必要請王、陳兩人出庭。」第二次兩人再度缺席，我再對檢察官說：「他們不來，確實是不重視檢察官。」到了第三次時，我就說：「檢察官，我認為，你應考慮拘提，否則事實不易清楚。」

雖然我每次都會適度地對檢察官加壓，但我最後一定會再加一句：「報告檢察官，還是由您來決定，原則上我們都接受。」後來我才知道，承辦此案的檢察官是從司訓所四十期結業、尚未服役的年輕人，我更慶幸自己用對了方式。

於是，在第三次開完庭後，檢察官真的就開始調閱資料，從二〇〇二年五月十六日一直查到二〇〇三年四月二十二日，時間長達一年。這麼久的過程，對友訊和我而言，非常難熬，而每當我心生「怎麼辦」的急躁感時，就會馬上對自己說：「沉住氣、沉住氣！」

果然，檢察官從調來的厚厚資料中，找到該名員工任職友訊期間，威盛仍支付他上百萬元的薪水、勞保費等等「有力證據」。在開庭時，聽到檢察官調來的資料，我心裡雀躍地說：「感謝主，逮到了！」然後馬上連續補了兩個書狀，展開攻勢。

我在向友訊報告過上述開庭情形後，在最後一次的偵查庭，我再次向檢察官表示，希望能拘提威盛負責人到案說明，以加深檢察官「心證」，而檢察官雖也要求王雪紅出面說明，只是始終沒見到他們。

訴訟心法

面對檢調～
立場堅定，態度懇切

❖面對大鯨魚，醞釀兩年，終於起訴

二〇〇三年十二月五日台北地檢署檢察官偵結全案，依洩漏工商祕密、侵害著作權、背信罪起訴相關人員，並具體求刑。

十二月六日，當各大媒體都以斗大標題寫著：「涉竊密，威盛老闆求刑四年！」威盛，尤其是王雪紅、陳文琦兩人，接連一個月期間，又是盛大的記者會、又是個人出面接受採訪，密集傳達友訊告竊密太嚴重、檢方未給威盛機會詳細說明、威盛與友訊雙方有誤會、兩造已達成和解共識等片面訊息。

威盛從王雪紅、陳文琦到公司一級主管接連在媒體上曝光，看似有誠意，但實為立場強硬。然而在友訊堅持「低調」、「冷處理」之下，也被媒體追問的我未曾多說什麼。

訴訟心法

訴訟中如何面對媒體～
鬥亂而不可亂

❖清楚角色，因勢利導

二〇〇四年一月十九日，威盛被起訴後一個月，正好是過年的前兩天，在台北地方法院首度開庭，法院從入口到大廳，被媒體擠得水泄不通，法庭內更是座無虛席。

王雪紅和陳文琦由萬國法律事務所執行長郭雨嵐及律師范曉玲、永信法律事務所主持律師林永頌及律師施淑真等四位律師團陪同，與另一名被告及其委任律師，陣容龐大地步入法庭。而友訊並無高階主管出庭，完全授權由我單兵應戰，以一對五。

在法庭上因為成員多，往往會有難以預料的變化。我仔細關注包括法官、檢察官、威盛律師的一言一行，並從中研判出他們的想法以及對友訊的影響，如果對友訊有利，就趁勢再強化，但若不利，必定馬上想出辦法扳回一城。

當在庭上聽到王雪紅和陳文琦喊冤、聲稱誤會，以及「沒有人會把偷來的東西放在家門口給人看」、「絕無商業間諜之事」等辯白後，我忍不住起身駁斥說，「沒有人會把偷來的東西放在家門口給人看」這樣的說詞是推論，並且重申，從友訊提出告訴後，檢察官歷經一年多的調查，證據歷歷在目，絕對不是誤會一場。

接著，我話鋒一轉說道，友訊在全案起訴後對外保持低調，不願發言，但並不代表友訊同意對方說詞，我語調高亢地說：「友訊對本案的立場是尊重司法，還原真相。如果有必要，未來將配合檢察官充分舉證！」

而我在退庭後也隨即表示，友訊已在一週前遞狀，要向所有被告以及威盛公司提出一億元附帶民事賠償，「而且，我們還保留擴張（求償金額）的權利！」我的聲明正式表達友訊捍衛權益的立場。

刑事案件因檢察官起訴而轉到法院時，處理方式也有不同。在確認了承辦的公訴檢察官後，我頓時放心下來，心想：「太好了，以後可以不用壓力這麼大了！」因為過去曾經與該公訴檢察官互動過，知道她是位執著、認真的檢察官，於是我收起較強悍的態度，一方面不斷提供相關資料和文件，另一方面則增加與檢察官的互動，使其「不覺孤獨」，而更加積極地執行「公訴」角色。

果然，被告律師在開庭過程中，曾對檢察官「非常衝」，有點讓檢察官在公開審理場合中難堪，所以檢察官就當庭說出：「今天你們笑得出來，以後我會讓你們笑不出來。」

訴訟心法

訴訟辯論之計～
因勢利導，順勢而為

❖要發動戰爭，就預先規畫收尾

這件成為社會焦點的官司，打的不是民事，而是刑事訴訟，還涉及所謂的「公訴罪」，不僅是要入人於罪，且不能隨時撤回，一旦要撤回，就要撤得漂亮又小心。因而，在檢察官以背信等公訴罪起訴威盛後，我如何開出一條檢察官可以接受的撤訴台階，同時不損及友訊的權利也不傷害到威盛的感受，又是一大挑戰。

在二〇〇四年一月十九日首度開庭之後，更精確地說，是在我說出要對威盛提出附帶民事一億元賠償後，威盛就比較積極地向友訊協議和解，只是雙方來回談了多次，始終沒有具體的結果。而法院開庭過程中，法官也曾探詢友訊與威盛雙方和解的可能，我就表示，和解要看威盛的誠意，友訊的立場在於回歸事實真相，但競爭的關係未嘗不能轉變成合作。

直到二〇〇四年八月，除了背信乃公訴罪之外，友訊與威盛就違反著作權、侵害營業祕密兩項告訴乃論罪，達成撤回告訴協議。而在雙方和解後，我隨即轉達給檢察官，並感謝檢察官花費一年多時間偵查的努力和辛勞，但同時我也表示，會尊重檢方公訴的意旨。二〇〇六年七月三十一日，在台北地方法院宣判王雪紅、陳文琦等三人無罪後，這件歷經兩年七個月審理、轟動科技圈的案件終告落幕。

此案過程中，我在法庭內外時而軟化、時而強硬的做法，是為了兼顧友訊、檢察官及威盛三方的立場，而整件事圓滿落幕，是在起訴後的兩年。對此，我最大的心得是：在不同情形下，律師必須知所進退，完全清楚當事人的想法，但也須提醒他們注意可能會遇到的問題。

一位真正的武士是不隨便出招，不隨便讓刀出鞘的，但一旦拔刀，就要知道如何再將刀「入鞘」。這是我深深的感受，也突顯了作為一名訴訟律師的壓力與挑戰，卻也說明了一位訴訟律師所需具備的條件。

老外涉刑事案～反守為攻

若不看大衛的臉，光聽他講話，大部分的人會誤以為他是一名率直、又有點吊兒郎當的台灣男人。大衛的確很大而化之，但卻是個「中文說得好，但看不懂中文」的美國大漢，而正是這兩點，讓他在台灣法庭上吃了大虧。

❖事件背景

在上一個世紀，有一項經濟活動的數字變化很驚人。一九九〇年時，金額是四千四百六十四億美元（約新台幣十四點七三兆元）；到了一九九六年，金額躍為一兆一千兩百五十億美元。六年內成長高達百分之一百五十二的數值，是企業在全球四處併購的「成果」。

當國際間不斷聽到企業為達成併購協議而開香檳「爆」出的歡聲時，在一整年提出併購申請不過三百三十九件的台灣，不但對企業之間的併購關注度不高，更對企業併購之後經常衍生的衝突與糾紛所知有限。

一九九六年，連續十年在全球併購交易排行榜上名列前茅的T集團，在這一年又併掉了逾一百五十家企業。同年九月九日，T集團新添「購」了美國A廠商，但沒想到卻在A廠商設有分公司的台灣爆發了一樁官司案，甚而在三年之後，這個案子的被告A廠商台灣分公司總經理大衛找上了我。

然而非常巧合的是，那一年，我自己開業經營的法律事務所正與宏鑑法律事務所合併。雖然我受到的待遇與大衛截然不同，但同是被併購的一方，我遠比別人更能瞭解大衛的心境，也更能說對大衛的故事。而我寫出的那六十六頁如同電影劇本、還原事件現場的上訴狀，讓T集團這家國際併購巨擘委派的律師團無力反擊，也讓大衛這位老外不用被關進監獄，重獲聲譽與自由。

❖替公司打拚十年，竟換來一紙傳票

美國來的大衛，就算沒有娶台灣太太，也稱得上有半個台灣人的資格了。因為，早從他父親那一輩開始就到台灣經商，而他自己也在台灣做了近二十年的生意。對台灣的人情世故、產業的生態，瞭若指掌。

原本，大衛在台灣開的L貿易公司，業務做得還不錯，尤其長年與美國A廠商有業務往來而頗為友好，A廠商下了不少訂單給L公司，而L公司也替A廠商開發台灣市場。在看好未來前景下，A廠商於一九八六年來台設立分公司，為了建立利益共創共享的合作關係，A廠商不但延請大衛出任台灣分公司負責人，更允諾會將訂單、代理經銷等等業務交由L公司來經營。

在大衛努力經營的八年裡，台灣分公司業績不斷躍升。可是在一九九二年時，A廠商遭到C企業的併購，而就在一九九六年台灣分公司創下逾百分之百的年成長率時，美國母公司再被T集團併購，但A廠商負責人始終都未向大衛透露隻字片語。不過，A廠商負責人倒是向大衛表示，母公司有意改變雙方合作方式，希望先將訂單、經銷等等營運事務交由另一家台灣協力廠商負責，再與L公司另談新的合作方案，讓雙方的關係可以更強化。

雖然L公司已將經手業務交出，但由於替A廠商台灣分公司所開發的台灣經銷客戶為了保障收款風險，多以三個月的遠期支票付款，使得台灣分公司有資金周轉上的困難，大衛便建議A廠商應為台灣分公司辦理增資，以舒緩貸款、營運所需的財務壓力。但在一九九六年十二月，A廠商終止與L公司的長期合作關係，理由是大衛只顧L公司的利益，不顧台灣分公司的權益。一九九七年一月底，大衛竟接獲A廠商委由香港分公司要更換負責人的通知，並要求大衛立即交出台灣分公司所有資產及營運資料。

可是，台灣分公司仍有上千萬元支票債務，若不兌現，簽票當時仍為台灣分公司負責人的大衛，勢必面臨客戶追債，甚至是打官司的糾紛，所以他就先扣住公司八百多萬元做擔保金，沒想到，香港分公司卻認定，大衛侵吞公司財產，隨即告上了法院。一九九七年十二月一日，檢察官認定大衛違反商業會計法，對大衛提起公訴。兩個月之後，地方法院判定大衛有罪，處以有期徒刑兩年。

❖被告，有那麼嚴重嗎？

「嚴重，而且痛苦得想死掉！」當大衛首次見到我的時候，聲音沙啞地說。但那一年的年初，大衛被自己的老東家告上法院時，可是一點都不覺得嚴重，「因為，我什麼都不知道，連檢察官和法官的角色都搞不清楚，收到傳票也就不以為意，也不曉得要做什麼？」他說。

若不看大衛的臉，光聽他講話，大部分的人會誤以為他是一名率直、又有點吊兒郎當的台灣男人。大衛的確很大而化之，但卻是個「中文說得好，但看不懂中文」的美國大漢，而正是這兩點，讓他在台灣法庭上吃了大虧。

❖雞同鴨講的法庭溝通

看到傳票之後，大衛也不知道怎麼找律師，還是家人透過教會裡的朋友輾轉介紹，大衛才第一次走進了台灣的律師事務所。當時還不覺得被告很嚴重的大衛，一聽到「六萬元可辦到底」的收費條件，就決定委任這家事務所的K律師。

只是，還沒出庭大衛就發現事態不對勁，K律師不太主動關心案子的進展，而所有的狀子多是大衛先用英文寫，再請公司同事翻成中文，K律師就只是翻閱一下相關法條，幾乎沒怎麼修改就直接送給法官。而且法官多次傳訊大衛，K律師只陪同大衛出庭三次，還每一次都遲到，連法官都看不過去。「就像我要上手術台開刀了，醫師卻一直還沒來。」終於感到緊張的大衛說。

而更令大衛痛苦的是，每次出庭，K律師幾乎不太發言，大衛一情急就親自陳述。原本以大衛是外國人的身分，可以要求翻譯，但他卻沒這麼做，其實他也不知道可以這麼做。雖然大衛的中文不錯，用在做生意上也許無往不利，但用在法庭上，加上是當事人，沒仔細聽法官問的話，只顧著猛講冤屈，根本就沒能把重點說清楚，甚至連他的表情都會讓人誤會。

有一回在庭上，老東家委任的女律師強悍地攻擊大衛，備感沮喪和挫折的大衛掩面搖了搖頭，卻被女律師警告是不尊重之舉。大衛回憶起當時景況，不禁嘆道：「我每次出庭前兩天都食不下咽。根本是自己在當自己的律師。」

一九九九年三月二十三日，士林地方法院宣布判決結果：「判處兩年有期徒刑，不得易科罰金。」這結果轟得大衛整個人都呆了，還是K律師要大衛趕緊另請律師上訴，大衛才醒過來，而浮出的第一個念頭是：「這一回不能再亂找律師了。錢不是問題，誰能救命才是問題。」

大衛的確沒再亂找，而且還找上當時台灣本地前三大的法律事務所。但大衛的老東家太有名、委派的律師團太強，這家事務所評估勝算太低，因而拒絕接案。之後，大衛的姊姊不放棄地委託朋友介紹，因而找到了才剛與我的事務所完成合併的宏鑑法律事務所。而這一次大衛學乖了，在約好見面的前三天，很慎重地把一審相關文件都寄給了事務所。

訴訟心法

善用溝通藝術～

一言興邦，一言喪邦

❖重新定位被告，掌握訴訟主軸

「哇！這怎麼打啊？」我聽完事務所合夥人簡述大衛案，第一個直接反應就是這官司很難打。但當我進一步翻閱大衛寄來的卷宗後，有了不一樣的想法：「Somehow，這故事好像被講錯了！」接著，一連串的問題躍入了我的腦海中：「大衛是位外國人，為何會被提起公訴？為什麼被判得這麼重？」

一九九九年盛夏的七月初，大衛步入位在敦化北路與民生東路口上的宏鑑法律事務所。後來我才知道，當我初次見到大衛後開口說的第一句話，著實出乎大衛的意料：「大衛，如果你想要給法官有個正面的印象，以後出庭時最好不要穿這件紅外套。」從這第一句話之後的兩小時裡，大衛所有的發言幾乎都只有一個字：「Yes.」

其實，我在看完所有卷宗後，就試著還原整起事件發生的過程和癥結，因此我見到大衛後，立刻提出我對此案的看法，從發生糾紛的遠因是美國母公司被併購、近因是台灣分公司有資金短缺、與大衛接觸的美國母公司原負責人居心叵測，以及大衛保管金錢的必要而非侵占等等。當我做出精準的分析與提問時，大衛除了點頭說是之外，他事後告訴我：「我當時就認為自己應該有救了。」

「你被判兩年應是最壞的情況了，不可能再被判更重了，所以我們不如就反守為攻，深入對方虎穴，主動出擊。」我這麼告訴大衛。所以，我的攻勢除了向法院調閱相關卷宗外，甚至還請法官傳訊告訴人一方的律師、證人，問得愈多，我對案情的發展也就更有把握。

在我重新問過案情、重新「教育」大衛打官司的程序和方法後，接下來，就是要對法官重新說明大衛的故事。雖然我要說的跟大衛在一審時自述的是同一件事，但大衛拉拉雜雜地說了一堆，始終沒讓人瞭解是怎麼回事。而我出場陳述的重點，就是要讓人有「這根本就是過河拆橋」的印象。

這其中最大的差別在於，我會仔細聽法官問的話，分析他問話背後的意義和立場；更重要的是，我還會替法官設想，因為法官也是普通人，要在很短的時間內掌握案情，因此被告的陳述方式就很重要。我想，如果能用導演的手法，讓法官像看電影般瞭解事件的來龍去脈，那就更事半功倍了。

「大衛，狀子寫好了，請您過來一趟。」一九九九年九月二十四日，中秋節前夕，大衛接到我的電話後，隨即趕到律師事務所。與我對坐不到半小時，一口氣請同事唸完上訴狀的大衛竟脫口說：「I like your story.」我笑著回他說：「This is your story, not mine. 只是，你從頭到尾沒有跟法官講清楚而已。」

「這六十六頁的文字讀起來像是劇本，不像狀子。」大衛說。上訴狀開頭有全文大綱，接著是告訴人公司遭合併、大衛實為受害者等等案情始末，然後則是從案件事實去反駁告訴人的八大上訴理由，最後以簡短有力的三點分析作為結語。

訴訟心法

靈活操作訴訟技巧～
格局，佈局，步局

❖善用危機，扭轉乾坤

送出了打頭陣的上訴狀後，在第一次開庭的第一時間，我就主動發言，此舉是在建立法官有話就問我的溝通模式，除非必要，大衛才需要答話。同時，這一次出庭，也讓我確認我決定採取另一個更重要的戰略：大衛講英文是正確的。

在一審時，因為大衛會講中文，所以法官也就不需為講英文傷神，全程都以中文互動，這對大衛其實不利。所以，在二審時我跟大衛說，無論是溝通還是答話，一律都講英文。因此，法院雖然請外事警察在開庭時擔任翻譯，但因翻譯者不明瞭事件原委，通常不會翻譯得很切實，這時我就會利用機會說：「法官，這裡翻譯錯誤，事情應該是……」趁勢再把要講的故事，重新說給法官聽。

另外，大衛與美國A廠商負責人往來的英文書信、文件，我也會拿給法官看，同時就在一旁以中文解說，一些英文文件反而成為了證據。我的這一項策略，使得在一審因語文所造成的危機，到了二審竟成為翻案的轉機。

訴訟心法

不可預期的種種～
危機就是轉機

❖獲知無罪，躲在桌底下痛哭

二〇〇〇年一月二十六日，世人都還在熱烈談論千禧年的種種預言與奇蹟，大衛卻緊張地等待影響他日後人生的「最後審判」。諷刺的是，大衛每年都要簽請一次的居留證也在這一天到期，一大早他就趕到警察局補辦簽證。簽證下來了，大衛又可以留在台灣一年，但這一年，他會在哪裡度過呢？

補辦完簽證，大衛看到指著 12:05 的手錶，心裡比陰霾的天色還沉：「Victor 還沒打電話來，大概是沒望了。」回到位在板橋的辦公室，大衛開始胡思亂想，若去坐牢，妻小的生活怎麼辦？逃到香港，再不然躲回美國吧！「我第一次覺得，應該是有十九層地獄吧！」這是大衛對當時痛苦的記憶。

眼看時針就要走向 15:00，再也受不了的大衛，央請同事打電話給我，而大衛卻因為害怕聽到結果，靜默地把辦公室的門關上。三分鐘之後，聽到門外同事激動地歡叫：「無罪！」大衛的第一個反應竟然是，把自己偌大的身軀塞進辦公桌底下，大哭了快一個多小時。

「自從自己遭到起訴後，一看到電視上有人被告，我就會心生同情，那過程真的讓人痛苦到想死掉！」大衛後來跟我閒聊時，重回他以前吊兒郎當的樣子，笑笑地說著。

而在得知判決結果的當日，15:42，我辦公桌上的傳真機傳來了這麼一封信：「我正坐在辦公室裡不住地抽噎，眼淚不住地流下，無法言語……但我第一個要由衷感謝的，就是你。」而我也分享了與大衛並肩作戰的甜美成果。

BA
BRANTINGHAM & ASSOCIATES FAR EAST LTD

No. 213 10th FL
6841/3 tel
Shuang Shr Road Sec. 2,
fax
Ban Chiao City, Taiwan

facsimile transmittal

To: Attorney Victor Chang

Chen & Lin Attorneys at Law

From: David E. Brantingham   Date: 01/26/00

Re: **Thanks**   Pages: 1

CC:

Dear Victor,

I am sitting here at my office weeping.... tears are running down my face. I wanted to call you directly but I cannot move, I cannot speak...so I am typing you this fax.

Today, a heavy heavy burden has been lifted off my shoulders.

Before I speak to any of my own family members, I want you to be the first person that I thank....and thank from the bottom of my soul!

Victor, my gratitude and my blessing is upon you. Thank you for being my advocate. Thank you for standing in my place.

David

10 「無中生有」案～不入虎穴，焉得虎子

一個人如果是說謊，不僅無法清楚記得過去所說的謊，而且還會編織不同的謊，甚至會出現矛盾的證詞。只要說了一個謊，就要再說二十個謊來圓，但到最後往往還是掩蓋不了真相。

❖事件背景

一九九七年二月中旬，一位劉姓客戶走進了我的辦公室，當時我正為被移送偵辦的余慎案忙得焦頭爛額，原本實在無餘力再接此案，但聽完了劉小姐的遭遇，我還是忍不住答應出任她的委任律師。

這位劉小姐在高雄負責一間書院的營運管理多年，由於書院強調英文教學，且與國外學校合作，可安排長短期的國外進修課程，因此吸引不少望子成龍、望女成鳳的家長替孩子報名。

但就在書院的業務頗有成長時，創辦人過世了，原已在美國定居的女兒A回到台

灣處理後事時，發現書院的資產很大，便欲爭回書院所有資產，然後賣掉走人。

但劉小姐不願見到她與創辦人辛苦打拚的書院走到如此的下場，因而與A女士起了爭執，A女士便一狀提告，且是採刑事手段。只是，A女士指控劉小姐的「犯行」，幾乎都是無中生有。而負責承辦此案的檢察官在法律界頗受爭議，雖然該檢察官傳喚了劉小姐，但無論劉小姐說什麼，檢察官完全充耳不聞，反而隨著A女士的指控起舞。

根據A女士所言，劉小姐曾由一位律師陪同，從書院會計處取得支票，並且塗改偽造。於是檢察官傳訊A女士所提到的律師，但在該律師證人否認下，A女士改口稱，是劉小姐的丈夫高先生佯裝為律師，因此檢察官竟先將劉小姐起訴，之後再將她的丈夫列為「犯罪嫌疑人」偵辦，使一件不實指訴的案子，演變成為兩件訟案。而整個案子的起訴，竟只單憑A女士的指控，以及一位「員工」錯誤百出的證詞。

❖訴訟策略，危機轉機

當我接下此案後，有次坐在偵查庭中，我低頭未語地勤做筆記時，該檢察官竟對著我說：「張大律師啊，我看你不以為然的樣子，有什麼話要講嗎？」我也只能無奈地笑笑、搖搖頭。

在劉小姐遭起訴後，原本單純的事情變得很複雜。而我針對案情，將A女士以及那位所謂的「關鍵證人」，也就是書院的會計小姐，於歷次庭訊所說的每一句話，仔細分析比對。我也利用劉小姐已經起訴的案子，以及高先生的案子尚在偵查階段的時間差，創造他們相互有利的局面。

原來，劉小姐的案子已在法院，可以閱卷，在獲悉所有A女士的指控內容後，我一方面為劉小姐擬稿寫狀，在書狀裡詳細分析A女士、證人所講的每一句話，仔細到連犯罪時間、支票的存放，以及A女士及證人「指證歷歷」的律師長相，全盤加以比對。另一方面，在高先生的案子中，我就再請檢察官傳訊證人，以進虎穴。

訴訟心法

訴訟辯論之計～
因勢利導，順勢而為

❖訴訟決策，訊問證人

一般律師在明知證人是對方安排的情形下，通常會擔心該證人所言不利於他的當事人，因此往往避免傳喚，但在這兩個案件中，我都再次傳證人來問話。我知道，問愈多，她就得「掰」愈多，而且同樣的問題，要用不同的方式來問，問到她頭昏為止。這逆勢操作的背後，其實是我在反覆翻閱劉小姐的案子，瞭解證人的證詞之後，所定出的訴訟策略。

在獲悉證人所作的不實證詞後，我就設計類似的問題，用在高先生的案子中，重複問證人。畢竟，一個人如果是說謊，不僅無法清楚記得過去所說的謊，而且還會編織不同的謊，甚至會出現矛盾的證詞。只要說了一個謊，就要再說二十個謊來圓，但到最後往往還是掩蓋不了真相。

我利用兩個案件內的相同問題，反覆詢問證人，且在劉小姐的案子中，我也請求法院再次傳訊證人。果然，有關她們所稱的律師長相，從髮型、眼鏡、身高，乃至穿著，經過多次詢問，A女士及證人的說詞出現許多矛盾。就這樣，一般律師大概用一、兩張狀子就可以寫完的案子，我寫了超過十頁之多，而且仔細地拆解對方說詞的矛盾之處，讓A女士、證人的矛盾證詞，反覆呈現在法官面前。

事實上，這叫做「不入虎穴，焉得虎子」的打法。而我所謂的「虎穴」，正是案件裡所有的證據，文件中的每一段內容，乃至證人的每一句話，都必須一個一個加以查證和拆解。在我「直入虎穴」式的追問策略下，A女士、證人的謊言終究破了功，劉小姐的案子最後以無罪判決確定，而遭無端波及和起訴的高先生，最後也是無罪判決收場。但遺憾的是，在高先生被檢察官無端起訴後，原是公務員身分的他，因此被停職，喪失升官的機會，而其與劉小姐的婚姻和家庭，也在這一連串的官司中破裂。

訴訟心法

證人詰問～
合於利而動，不合於利而止

❖瞭解訴訟本質，勿輕言訴訟

這兩件官司的始作俑者是A女士，但遇到了不盡職的檢察官，劉小姐、高先生的人生因此變調。雖然，他們是被動地面對訴訟，但由於這起案件，也讓我深刻體會，訴訟對當事人的折磨，不僅是金錢、時間的耗損，更是心情的起伏與煎熬。

所幸，司法最後是還我的當事人清白，但是我無法解決他們夫妻間因此事件所產生的感情失和。無論如何，還好他們遭無端指控的法律訴訟能順利落幕，否則恐將是「賠了夫人又折兵」。這事件使我更加體會到，為當事人爭取權益的重要，也更相信律師角色不是單純的例行法律工作而已。

太電仝清筠案～與檢調的心戰

每個人在被偵查中都會遇到一個問題：法律規定偵查不公開，檢察官不會透露其所偵查到的資料，而且檢察官可以偵訊當事人，還可以隨時動用偵查權和搜索權，不但敵暗我明，武器更是不對等，基礎也相當不平等。

❖事件背景

二〇〇四年十二月十六日，台北地檢署偵查終結，檢方認定太電歷任董事長仝玉潔、孫道存、仝清筠，以及前財務長（後任茂矽董事長）胡洪九、太平洋光電副董事長繆竹怡等人，涉嫌違反證券交易法、商業會計法及刑法背信等罪，將他們起訴。

其中，檢察官根據搜索太電公司所查扣文件資料顯示，胡洪九離職前，利用假投資、交叉持股等精密策畫的財務操作及洗錢手法，侵吞太電資產達兩百多億元，若換算成現值與加計利息等，不法利益更高逾四百億元之多。而仝玉潔、孫道存在仝清筠接管太電財務部門時，已透過內部稽核，清查發現太電資金疑遭掏空，且被以大量海外假美金定存單遮掩的事實。檢察官便分別將他們提起公訴，並分別求處重刑。

其實，在二〇〇四年初接獲仝清筠的委任時，我就有心理準備，這件官司在人、事、物等「先天基礎」上，恐已不利於仝清筠。

尤其，我接手承辦時，仝清筠已失去太電經營權，公司過去的資料都被其他掌控經營權的董事會成員「封鎖」。因而檢方在太電這些成員提供的特定資料下，將明明發生在一九九七年的「掏空」犯行，也牽連到二〇〇二年才接任董座的仝清筠。檢察官在查案時，以「為何要嗣後打消呆帳？」一再質問仝清筠的動機，不顧仝清筠的說明，也不查明會計師的文件，更未去查清先前的資金流向。

而起訴書雖然厚達百餘頁，但也看不出太電公司「遭掏空」的金額究竟是多少。檢方竟能在事實不清楚的情形下，決定起訴，對此，我頗不以為然地在法庭上表示，如果連檢方動用搜索權都查不到、查不清楚的事，在「掏空」之後才接任董座的仝清筠，又如何能查清楚？無法查知、使用公司的資料，又如何去掏空公司資產？

訴訟心法

面對檢調～
立場堅定，態度懇切

❖審慎且積極地回應檢方偵查

其實，仝清筠當時面對一個很大的問題，這也是每個人在被偵查中都會遇到的問題：法律規定偵查不公開，檢察官不會透露其所偵查到的資料，而且檢察官可以偵訊當事人，還可隨時動用偵查權和搜索權，不但敵暗我明，武器更是不對等，基礎也相當不平等。

一般律師在面對偵查的不對等地位時，為避免正面應對檢察官，多會建議當事人，在偵查中盡量少講話，而且也因為不知事件全貌，在動輒得咎的情況下，律師通常也不知如何撰寫書狀，甚至還有企業法務人員會建議，在偵查中乾脆不用請律師。

我認為，這麼做反而會陷被告於更不利的處境。應該還是要適時地丟些資料給檢方，讓檢方有相信當事人的依據，雖說多寫會多錯，少寫則或有幫助，但不寫鐵定完蛋。

不過，由於太電案事涉的人、事、物太龐雜，且時間長久，而我在接手時，檢方已偵辦一年有餘，所以不僅必須推測檢方過去的偵辦方向，也要再從檢方嗣後與當事人的開庭對話中，判斷出檢方已取得哪些證據、檢察官正在詢問的是哪一部分的事實。這對律師來說，是非常大的考驗。而我的方法之一，就是做大事記表，且分門別類，再由這些事件表中，慢慢勾勒出「檢方所掌握的事實」、「當事人所理解的事實」及「文件資料所現的事實」，一一比對，思考出一條血路。

而我在看完仝清筠提供的有限資料，評估檢方當時的問案，以及所偵辦的相關犯罪嫌疑人，我就對仝清筠說，他被起訴的可能性極大。為了做好訴訟佈局的準備，仝清筠接受我的建議，積極回應檢察官。

基此，由我代為撰寫了一份很長的狀子，由於此案關鍵人物胡洪九進行「掏空」犯行的期間，橫跨好幾任的董事長，而太電裡又有五大家族共治、相爭的恩怨情仇，因而我的重點就在，釐清事實真相，將歷任董事長的任期、太電以總經理制為主的經營模式，以及資產出現問題時，仝清筠尚未接手太電等內容，一一加以說明。

書狀寫得就像導演在架構一部電影的情節。同時間，我還得因應檢方虛虛實實、時而威嚇或勸說的心戰，以堅守住當事人的立場。而從接受委任到檢察官起訴之間的一年裡，我和團隊成員就寫了二十三份狀子，為的就是讓檢察官查案時可以參考。

只可惜，看到偵查檢察官的起訴書後，我頗為失望，因為起訴內容頗為草率，以致後來接手的公訴檢察官，必須補充很多的文件說明。結果，就用到不少我們在書狀裡所寫的內容了。這再次驗證，當初我不坐以待斃、不放棄有內容就寫的做法是正確的。偵查中，是攻心之戰，所以出招要小心。重點是如何定下主軸，經過全盤考量後，有可能也不需要寫書狀。先應付出庭，然後再佈局，也是不錯的方法。正確的積極回應角度，好過錯誤的消極角度。

由於太電案牽連甚廣而複雜，仝清筠後來被檢方裁定以兩千萬元交保，當時我深感挫敗，對於無法預見檢方以此重金交保的裁定，頗為自責。而仝清筠在翌日提供交保金，離開法院拘留室後，即要求與我約定時間，商談下一步怎麼做。這令我欣慰不已，至少他未因此認為我的策略有錯。

訴訟心法

策略規畫～
借形造勢，以勢制敵

❖法院攻防，地位平等，閱覽卷宗

雖然我對於檢方決定起訴仝清筠不感訝異，但對於起訴內容有諸多疑點的我，在所有偵查卷宗一移送法院時，即立刻與書記官連絡，閱覽所有卷宗，以瞭解在偵查中，評估檢方的偵辦方向與事後起訴的角度，發生落差的原因。

結果發現，檢方用了很多與仝清筠發生經營權爭議的新經營團隊所提供的片段資料，甚至有些「取證手法」、「證人證詞」非常矛盾，這不禁令我懷疑，有「量身訂作」的嫌疑；且起訴書有關仝清筠的指控，很多描述與該經營層所提的書狀相似。而嗣後接手承辦本案的法官也曾表示，此起訴書內容有很多地方看不懂，要求公訴檢察官與偵查檢察官再溝通。

在瞭解所有偵查卷宗，得知許多不合理的情形後，縱使之後多次庭審情勢仍對仝清筠不利，但出庭時，我對公訴檢察官也就不是很客氣，且對法官也不會唯唯諾諾，而是不假辭色。

在二〇〇七年初的一次開庭，我在詢問證人時，這位立場較偏頗的證人，竟然不回答辯護律師的交互詰問，反而對法官說：「辯護律師的這個問題，能問我嗎？」而法官竟然在公訴檢察官無任何異議下，要辯護律師不要再問了，此明顯違反刑事訴訟「修正式的當事人進行主義」的制度。為了維護辯護律師團隊的訴訟權益，我立刻起身，據理力爭地堅持要問，且提出相關法律見解，要求法官必須遵守《刑事訴訟法》的規定，法官因此竟連續兩度休庭，最後合議庭仍拗不過我，才勉強說：「好吧，可以問，但只能問到某個程度。」

為了確保辯護律師在法庭上行使辯護的權益，也為了讓我所表示的法律意見能便於書記官記錄，所以我就像唸書一般，一個字一個字地陳述，甚至連斷句要用的「逗點」、「句點」也講出來。結果，法官以為我故意干擾審理程序，當場氣到拍桌子喝斥：「幹什麼這麼講！再講，就出去，不可以再有意見。」但在之後，辯護律師團詰問證人時，法官也就沒有意見地讓辯護律師群順利問完想要問的問題。

訴訟心法

證人詰問～
合於利而動，不合於利而止

❖訴訟決策與溝通

訴訟中要如何與法官溝通，實在是門藝術，沒有對錯。猶記我承辦的另一件民事案件，當時一審已經敗訴，我是在接受委託後沒多久，察覺二審法官的立場有所偏頗，對於我的陳述和發言，明顯沒有聽取的意願。甚至當我要求查證證據時，法官想也不想就拒絕了。對於法官嗣後詢問訴訟雙方有無證據需要調查時，我站起來說：「反正你要判輸了，還有什麼好問的！」說完隨即走人。

當場，其他律師及當事人都有點嚇一跳，但我並不純然是發脾氣，更非有勇無謀，而是當面對這樣的法官時，不能輕易退讓，在評估損失已不可能擴大的情況下，我才製造如此「衝突」，以提醒法官「不要太過分」。這是在評估確認已是最惡劣的情況下，所做的非常手段。有時，訴訟法庭上的「嗆」法官，也是一種溝通的方式，只是它比較極端，非到必要，實不宜過分強調與運用。

在嗆完承辦法官後，原本該案子就要終結，但就在審判長出現的辯論期日，審判長竟做出不同的裁決，要求承審法官另行查明相關事實，且要求對方提出原先我方請求調查的證據。

我必須坦言，沒有人願意「得罪」法官！但身為在野法曹的律師，我這樣的強硬作風，為的是救回一位位因官司而人生陷入低谷的當事人。

訴訟心法

過程與決策～
隨機應變，當下決策

12

企業併購的紛爭～保持作戰準備，彈性應變

唯有保持「作戰」準備，謹慎回應對方的反擊手段，即使發生訴訟上不可預期的情況，仍應保持樂觀，如同選擇搭火車南下，旅途間發生停駛意外時，就必須緊急調整步伐，才不致於影響後續行程。

❖事件背景

二〇一九年爆發新冠疫情，但企業併購潮並沒有因此停止，反而促使某些產業加速整併。企業進行併購的原因之一是市場考量，也就是收購已占有市場一定規模的企業，藉以提升經營目標。

T先生是一家物業的企業主，為擴大旗下物業管理規模，收購C先生持有的三家不同形態的公司股權。T先生收購這三家企業後，整合各企業內部事務，赫然發現C先生違法聘用一位無法擔任保全工作的W員工。

沒想到，W員工長期擔任夜班保全，不幸在請假期間突發腦中風，W員工因此向

勞保局申請職業傷害事故之傷病給付，而C先生沒有查明原委，也沒有澄清W員工是在請假期間就診，不是在「上、下班時間」因公受傷，而勞保局最終竟認定W員工的腦中風屬於「因公受傷」。

這起看似單純的勞工職業災害案件，就在T先生完成上述併購交易並入主後，因W員工想繼續請領因公傷病給付，要求公司配合用印時，T先生才發現本案疑點重重，不願意配合辦理，而W員工因此提起勞資爭議調解。

❖慎重看待訴訟徵兆

這起勞資糾紛發生在T先生完成併購前。依照併購合約，C先生本應負責與W員工協商解決，但是C先生不願依約履行，反而置之不理，而W員工聽信提供免費法律服務的律師建議，堅持公司應繼續負擔職業傷病責任。

原本合約清楚約定的權利義務，因為C先生惡意違反約定而引發紛爭。T先生認為他是在勞保局已認定W員工因公受傷後才入主公司，不願背負未來龐大的傷病給付金額，而W員工則堅持公司應負責，致使和解希望渺茫。

就在勞資爭議調解人員作出「調解不成立」時，T先生眼見坐在對面的義務律師積極向W員工委任的代理人遊說，大聲勸進代理人簽立委任書，展開訴訟戰爭，而坐在一旁的調解人員因此諷刺地說：「請別這麼著急！或許你們應轉到其他地方討論。」調解才告一段落。

事實上，W員工明知自己不能擔任保全工作，也知道自己是在請假期間，身體感覺不對勁才赴醫院就診，是否構成法律所定的「因公受傷」，還有很大的爭議空間。如果他與先前的僱主C先生能選擇和睦，協商尋求解決條件，就能避免一場不必要的官司。

另一方面，C先生明知依照併購合約，他本應負責與W員工協商解決此爭議，但他不願正視紛爭徵兆，選擇迴避的鴕鳥心態，誤以為這樣做可以將問題轉嫁給T先生，而且更沒有想到他先前違法聘用W員工從事保全工作，已違反對公司的忠誠義務。

訴訟心法

訴訟的徵兆跡象～
多一分注意，少一分風險

❖瞭解訴訟目的及手段

T先生不願成為W員工與C先生各有堅持下的無辜受害者，尋求我的諮商與協助。我針對這起併購案所引發的紛爭事實，從三種訴訟途徑，分析利弊：

對於勞保局已認定W員工的腦中風屬於「因公受傷」一事，T先生可選擇以公司立場，質疑勞保局的行政處分違法，並提出行政訴訟。但此舉恐已超過提起行政官司的時效，而且不易舉出勞保局違法的事證，甚至沒有打到問題核心，有隔靴搔癢的情形。

如果T先生不願與勞保局正面衝突，則勞保局認定W員工屬於「因公受傷」，應給予傷病給付，已成定局。T先生無法避免須以公司立場負擔W員工的傷病損失，但可依照併購合約向C先生請求支付傷病後的民事財產損失。然而，只要C先生名下沒有財產，即使T先生打贏民事官司，也無實益。

不過，這起紛爭源起於C先生擔任公司負責人時，明知W員工不能擔任保全人員，仍違法聘用，違反負責人對公司所負的忠實義務，或已構成背信罪嫌，而W員工同意配合，也有共犯罪嫌；尤其，W員工明知其請假在家，並非在「上、下班途中」因公受傷，卻填載不實資料向勞保局謊稱「因公受傷」，似有偽造文書嫌疑。

T先生最終決定採取刑事訴訟手段，針對這兩位違法在先、卻不尋求和解的人，請求檢方偵查他們涉嫌的犯罪行為，才能讓他們在「見到棺材」之時，選擇是否願意正視問題，坐下來協商解決之道。

訴訟心法

訴訟的三種類型～
確認訴訟目的，採取正確手段

❖訴訟的動態變化

T先生雖然選擇從採取刑事訴訟入手，但在訴訟開展後的過程中，還須步步為營，根據檢方調閱的相關文件資料，適時調整訴訟手法；同時，他可預見對方在知悉遭檢方調查時，必會提出反擊，而他們究竟會選擇誠實面對自己的錯誤，還是會採取其他手段，T先生只能見招拆招。

此時，T先生唯有保持「作戰」準備，謹慎回應對方可能的反擊手段，即使發生訴訟上不可預期的情況，仍應保持樂觀，如同選擇搭火車南下，旅途間發生停駛意外時，就須緊急調整步伐，才不致於影響後續行程。

也就是說，T先生不僅須依檢方偵查所發現的事實，評估檢方是否會起訴對方，甚至還須評估應否提出刑事附帶民事訴訟，或提起獨立的民事訴訟，甚或行政訴訟，才能確保無須承擔因併購所產生的法律訴訟的毒瘤。

訴訟心法

不可預期的種種～
危機就是轉機

13 專利舉發案～與政府作對真難

面對要與官員作對的行政訴訟，在訴訟提起之前的訴願階段，心思和做法就必須更加細膩，同時還要「將心比心」，也就是要瞭解法院會如何替官員找理由，然後找出方法，盡可能地加以圍堵，以期突破敗訴的可能性。

❖事件背景

在人們對專利、商標等智慧財產權不夠重視以前，各國都是用較嚴重的法律責任規範，而台灣也不例外。

二〇〇三年二月六日以前，只要專利權、商標權遭到他人侵害，台灣是採刑事、民事雙軌救濟制。由於智慧財產權的享有人可以選擇提起刑事訴訟，且可以在刑事訴訟程序中提起附帶民事訴訟，而無需繳交民事訴訟的裁判費。在可以發動國家刑事偵查作為，以及請求民事賠償的雙重手段下，許多權利人就常直接以提出刑事告訴的手段，達到民事索賠的目的。

一家美商台灣分公司總經理陳先生，不幸在一九九八年被自稱擁有N專利的吳先生控告專利侵權，且是被告刑事侵害專利犯罪。自覺很冤枉的陳先生表示，其實N型專利早就已經存在，結果政府又把專利權給了吳先生，實在不合理，還因此「害」他被吳先生告。為了爭回清白與面子，陳先生就向政府提出專利舉發，而於二〇〇一年初，陳先生就告上了經濟部智慧財產局。

只是，陳先生原本委任的專利法律事務所寫得太過簡略，沒有打到問題核心，雖然把與N型專利相關的外國文獻都寫進了舉發訴願書裡，但其訴願理由太過制式，無法強而有力地突顯問題核心，二〇〇二年四月十六日，經濟部訴願決定書上寫著：「訴願駁回！」

❖當事人目的：拖過專利法「除罪化」

不服經濟部決定的陳先生，只有兩個月的時間能提起行政訴訟，而他在期限將至前的十天，才找上了我。「為什麼要打行政訴訟？」我這麼問道，除了想瞭解陳先生的想法，其實也在告知陳先生，這一條路並不好走。但背負刑事被告的罪名及民事賠償的壓力，被逼到無路可走的陳先生，就只期待這行政訴訟能「釜底抽薪」，將吳先生的專利權撤銷。

同時，當時已在研擬將專利「除罪化」，也就是將專利法有關的刑事犯罪處罰規定都刪除。而事實上，二〇〇三年二月六日，立法院修正通過刪除專利法有關專利刑罰的規定，並於同年三月三十一日起施行。從此，侵害專利權的救濟，完全回歸民事訴訟程序解決。

因此，經濟部做出「駁回」陳先生的訴願決定，是在總統明令通過專利法修正前的一年左右，因而還無法適用，也就是陳先生在當時仍有刑事追訴的壓力。所以，二〇〇二年六月六日的這一天，我接受了陳先生的委任，並趕在六月十三日，也就是期限屆滿前的三天，為陳先生遞出了行政起訴狀。

陳先生希望能透過這起行政訴訟，一方面將吳先生的專利權撤銷，另一方面至少能拖過專利法「除罪化」。在瞭解陳先生的目的後，我於遞出起訴狀之後，便開始研究吳先生的N型專利，我當時還找了一位華裔同事研析外國文獻中所提到的N型專利。

訴訟心法

訴訟的法律地圖～
熟悉遊戲規則，將心比心

❖細讀專利內容，實事求本

這位同事看完資料後向我表示，吳先生的專利權內容沒有什麼可以挑剔的。這樣的結果，如何達到陳先生的要求，甚至連最低限度的「拖時間」（拖延至專利法「除罪化」之後），可能都無法達到。

為了符合陳先生的期待，且對別人的回答總會予以質疑的我，只好自己捲起袖子，一頁頁地細讀外國專利內容，並且一一比對吳先生原本創作申請書中的圖文。結果，我在吳先生的專利權內容中，發現到一個明顯的錯誤，也就是吳先生的原創作申請書中的一個圖型，在他的N型專利說明書中並不存在。

這可以證明，吳先生所擁有的專利權，在經濟部的核准過程中，確實出現了嚴重的瑕疵，這個行政訴訟不只可以拖時間，其實是有可能翻案的。也因此，我陸續補充寫了多份書狀，強調經濟部的核准過程有嚴重違法。

訴訟心法

瞭解案件事實～
見山是山，見山不是山

❖行政法院主動為官方找理由

不過，台北高等行政法院最後仍然做出「駁回」的判決，其引用《專利法》的規定：「舉發人補提理由及證據，應自舉發之日起一個月內為之。」也就是說，我後來發現有錯誤的圖型，必須在陳先生於二〇〇一年委請專利法律事務所提出訴願的一個月內，就應該提出。

高等法院雖駁回了陳先生的行政訴訟，看似我沒有打贏政府。但對我來說，因為新發現的證據非常強而有力，加重了法官的審理內容，使得案子必須花更長的時間進行審理。

高等法院做出判決的時間是二〇〇三年七月三十一日，當時專利侵權已經除罪化，「這正符合你的期望，相對地也算是贏了！」我對陳先生這麼說。之後再上訴到最高行政法院，其是否勝訴，已非關鍵了。

❖行政訴訟宜注意程序規定

由於行政法院駁回陳先生的起訴，讓我心生警惕，不時提醒自己，在幫當事人打行政訴訟時，就連法官也常會護著官員，所以，面對要與官員作對的行政訴訟，在訴訟提起之前的訴願階段，心思和做法就必須更加細膩，同時還要「將心比心」，也就是要瞭解法院會如何替官員找理由，然後找出方法，盡可能地加以圍堵，以期突破敗訴的可能性。

其次，當事人如果有因稅務、交通、專利等等問題，而需提出訴願、行政訴訟時，相關的行政法規常有許多涉及程序性的規定。所以，當事人與律師在提出訴願、行政訴訟時，要先熟悉和掌握所有程序規定，且必須全面性地研討案件內容，否則，一旦錯過了規定的期限，縱使嗣後發現很有利的訴訟爭點，也可能失去權利主張的利益。

14 官官相護的政府處分～製造官員的壓力

要對官員提出行政訴訟，不僅必須對行政訴訟程序瞭若指掌，更要適時地給官方製造壓力。雖然這樣的做法不見得會打贏行政官司，但是如果沒有這樣操作，似乎很難對抗所謂的「官官相護」體制！

❖事件背景

行政訴訟是處理國家與人民之間的糾紛。但這原本看似平等、單純的法律訴訟，實際上仍有高達百分之九十的案件會遇上「官官相護」，無怪乎行政訴訟會被質稱為：「民告官，告不通。」行政法院更被批評為「駁回法院」（即駁回人民的起訴）。

不過，畢竟行政訴訟是人民權利救濟的途徑之一，即使難以避免「官官相護」，也只有透過這個途徑，才有為自己爭回權益的機會。而正因為人民面對的是，球員與裁判都屬同一陣營的官方，人民就只有「步步為營」、「防患未然」的謹慎做法，才能增加些許勝算的機率。

在二〇〇五年十一月中的一個早晨，還不到營業時間，國內一家老字號金融公司，突然收到金融監督管理委員會（簡稱「金管會」）的函文。該文指出，因該公司業務，財務狀況惡化，流動性已無法履行契約責任，有不能支付債務，而損及客戶權益之虞，乃依法予以勒令停業、派員清理的處分。這是國內金融服務史上第一起行政清理案件。

這家老金融公司負責人W先生，看到這份函文時，既錯愕又憤怒，因為在公司無法提撥足額責任準備金時，就曾與金管會進行協談。W先生沒想到，尚在與金管會協談期間，該會竟突然將公司全部資產扣押，還扣押了W先生的個人資產，同時更限制他出境。不僅如此，金管會更將W先生以涉及刑事不法，移送地檢署偵辦。對金管會的接管和清理，W先生深感不服，但因事出突然，一陣慌亂中，實在不知如何是好，直到好友提醒，才想辦法輾轉找到了眾達的我，只不過，這時已經是十二月初了。

❖提出行政訴訟，防止官員為所欲為

在聽完W先生的陳述、看完金管會的函文，我認為，金管會的函文並沒有提出行政處分的理由，而且該會也非W先生公司的主管機關，實無權對W先生的公司做出停業、清查的處分。

為免上述行政處分確定，以及為了防止官員為所欲為，我當下就建議W先生應提起行政訴訟。而採取行政訴訟，依法必須先行提出訴願，且必須在事發後的一個月內提起。所以，二〇〇五年十二月十五日，我代表W先生向行政院的訴願委員會提出訴願，以表達對金管會的處分不服之意。

❖官官相護的黑箱作業

雖然W先生提出訴願請求，但如我的預期，行政院訴願委員會並沒有在當事人提出訴願的三個月內，做出訴願決定。於是，我與W先生就依行政訴訟法的規定，在二〇〇六年三月二十三日，直接向台北高等行政法院提起行政訴訟。

就在W先生向台北行政法院提出行政訴訟後的四個月，行政院訴願委員會竟在七月十二日，才做出了「訴願駁回」的決定。而其駁回的理由是，公司代表人原為W先生，但因為公司已因金管會的處分變更了負責人，且連原有股東會、董事、監察人的職權也已被停止，所以，W先生不能再代表該公司提起訴願，因此，他以公司代表人的身分所提出的訴願，行政院不予受理。

這是「雞生蛋，蛋生雞」的問題。如果依照行政院訴願委員會的理由，那麼類似的案件恐無救濟途徑，因為，只要官員將一家公司的負責人強制解職，則該負責人即無法代表公司提出訴訟，而新任負責人既已掌權，顯不可能去質疑該處分的效力，因此，原來的負責人只能「啞巴吃黃蓮」了。

況且，金管會單以此金融公司的業務、財務狀況惡化，就用一紙行政命令，解除W先生的職務，等於讓W先生失去了工作權；同時，金管會又對他限制出境、扣押財產，也違背了憲法保障人民自由權及財產權。而行政院不僅未將這項不當的行政處分解除，竟還以W先生無權提起訴願，阻止其尋求行政救濟的途徑，這也違反了法治國家「有權利即有救濟」的基本原則。

❖置之死地而後生，傳訊官長

雖然收到行政院的決定書，但並不影響W先生已向台北高等行政法院提起的行政訴訟。不過由行政院的決定，更讓我確信本件訴訟背後的官官相護。所以，我就多次發函，請求調閱相關資料，以瞭解金管會與這家金融公司，從事發之前的協談到突然做出清查處分的過程。

當然，我的請求並不被官方所接受，不得已，在二〇〇六年十一月十五日行政法院開庭時，我就請求法官調查上述資料，且在必要時，傳訊金管會的高階官長。此請求一出，兩個星期後的二〇〇六年十二月四日，金管會突然不具任何理由地，解除對包括W先生在內的所有董、監事的財產扣押、限制出境等行政命令。

而在二〇〇七年三月二日，台北高等行政法院做出判決，判決書指出，W先生被停止的權職，是公司的業務經營權及財產管理處分權，但對金管會行政處分不服的訴訟權限，並不在停止範圍內，W先生仍有權代表公司，對金管會所做的「勒令停業派員清理」處分提起訴願，因此判決撤銷行政院的訴願決定。

雖然，W先生取得了這樁行政訴訟的初步勝利，但他最終仍需重新面對行政院的訴願審理程序，而這球員兼裁判的訴願，是很難見到政府官員低頭認錯的。

不過，我還是要強調，要對官員提出行政訴訟，不僅必須對行政訴訟程序瞭若指掌，更要適時地給官方製造壓力。雖然這樣的做法不見得會打贏行政官司，但是，如果沒有這樣操作，似乎很難對抗所謂的「官官相護」體制！

15 開曼群島訴訟～不同法制中的法官權限

藉由參與這起開曼訴訟的經驗，以觀察者的角度檢視聚集在法庭內十多位律師的表現，更確認了我在本書所提出來的訴訟心法。這套心法不僅能運用在屬於大陸法系的我國訴訟，也可以運用在英美法制的訴訟。只要抓住訴訟的根本，就能順利度過訴訟之旅。

❖事件背景

開曼群島於十六世紀由哥倫布發現，十九世紀成為英國屬地後，就是全球各大企業爭相前往設立「紙上公司」的地方，因為在這個島上設立的「紙上公司」屬於「豁免公司」，所有所得稅、遺產稅及贈與稅全免。

美國上市公司可口可樂、甲骨文、英特爾等等都在這個島上設立公司，作為資金調度之用而無須揭露，過去因此合法節稅的金額高達數十億美元。這個島嶼位在美國東南方，距離台灣約有一萬五千公里，但在台灣可以透過電話或網路，與開曼的相關單位聯繫，遠端處理公司業務。

台灣自從證交所准許外國企業在台上市後，更多企業選擇在這個島嶼上設立公司，只要設立公司所需的文件沒有問題，就能在二十四小時內完成登記，比國內設立公司的程序簡便許多。不過，該島自二〇一九年通過《經濟實質法》（*Economic Substance Act*）後，就未必是全球企業所稱的「避稅天堂」。

二〇一二年一家設立在開曼群島的公司不幸發生股東糾紛，這起商業糾紛原本可以和解落幕，但因股東之間存在長期恩怨，一時間無法達成和解共識，小股東因此遠渡重洋，到開曼法院提起撤銷股東會決議，請求恢復董事職位的民事訴訟。我有幸協助這起訴訟的當事人，於二〇一四年九月前往開曼群島。

❖訴訟制度不同，準備過程類似

在台灣，法官一旦受理訴訟案件後，會訂定開庭期日，而訴訟期間通常會持續半年以上，甚至兩年。在這段期間，法官會不定期開庭，訴訟雙方須配合法官要求出庭。

不過，開曼法院的審理採取集中制度，法官在受理案件後，會定出一段很長的時間，要求訴訟雙方交換書狀及證據，並明訂未來審理的時程，就是將開庭審理的時間安排在連續幾週內，與台灣制度不同。

針對這起案件，開曼法官訂定的集中開庭審理時間是在二〇一四年九月，且預計在一個月內結束審理。為了準備這一個月的法庭訴訟，當事人必須花上一年以上的時間準備相關書狀及證據，並且須回應對方提出的書狀及證據。雙方你來我往的「前期訴訟」，主要就是彼此交換未來在法庭上審理的文件。

開曼群島屬於英國，法律制度主要沿襲英國制度，專門負責出庭的律師稱為 Barrister，與客戶接觸及討論案情的律師則是 Solicitor，這兩種律師的資格考核、專業組織、行業規範不同，一件訴訟案件必須同時委任這兩種律師才能進行。

基於律師職業規範的要求，Solicitor 負責獨立查核當事人的證據，當事人提供置放證據的場所，由律師獨自審查舉凡與案件相關的各種證據，包括有利及不利於當事人的證據都要一併審閱，當事人有義務配合提出。此與我們的司法實務不同，在台灣，當事人只須提出自己所主張的證據，並不包含不利於自己的證據，而且律師也不負審查責任。

訴訟心法

律師的角色～
行所當行，為所當為

❖協助當事人準備證據資料

證據資料不外乎「書證」及「人證」，開曼的司法實務一樣要審查這兩種證據。不同於我國的證據是由當事人決定應否提出，開曼法院要求律師獨立查核，因此當事人必須在英國律師預定前來查核證據的時程前，將與案件有關的文件擺置於律師所應查核之地。

一旦律師查核取得與案件有關的文件，就會瞭解該文件的保管始末，必要時還須由保管人出具一份書面宣言（Affidavit），以確保該文件的真實性及正確性，此乃重視證據的程序合法性。比之於我們的司法實務，常見訴訟一方提出虛假的影本文件作為證據，此制度應可降低偽造證據的機率。

當然，此證據查核的過程耗費不少人力與物力，因此產生巨額的律師費用，這也是為什麼常聽聞國外訴訟在法院開庭前，訴訟雙方就達成和解的原因之一。這起案件因為訴訟雙方無法及時達成和解，我因此協助當事人審閱與案件相關的文件，不僅須評估文件對案件的影響，更須考量文件保管的合理性。

對於證人證詞，不同於我國證人作證的規定，開曼法院要求證人必須事先提出一份書面證詞，並且提供給訴訟雙方。等法庭開始審理時，證人須依照法官所定出來的詰問證人時程陸續出庭，接受訴訟雙方律師的詰問。

開曼法院的民事訴訟證人詰問制度，採行類似我國刑事訴訟交互詰問的方式，代表雙方出庭的 Barrister 會針對證人提出的書面證詞詰問證人，而法官最終也有權訊問證人。我有幸親臨開曼法庭現場，欣賞 Barrister 的攻防及證人的詰問，並協助當事人掌握訴訟過程的各項細節。

這起案件涉及股東權利行使的正當性，因股東具有本國身分，且在台灣簽約同意設立該公司，引發法官想查明台灣法律適用問題，我因此須依法官所裁示的問題，配合英國律師準備涉及台灣法律問題的相關資料，並與台灣相關人員聯繫。

訴訟心法

證據取捨～
明足以察秋毫之末

❖尊重不同法制中的法官權限

不同於我國訴訟法規定法官審理案件的權限，開曼法官審理案件的權力比較有彈性，法官聆聽雙方律師攻防、詰問證人、審核資料，無需一一提示給雙方律師表示意見，法官在集中審理制度下連續開庭，有效率地審查資料，從而避免了耗時數年半載的審理過程。

與我國法官判決須作成書面理由一樣，開曼法官也須作出書面判決，但是開曼法律沒有類似我國訴訟法的規定，要求法官須在書面判決中載明雙方的主張，以及採納或不採納雙方主張的理由，因此，開曼法官的書面判決理由寫作過程比國內法官繕寫判決，享有更大的彈性空間。

為了家庭，我在二〇一一年底離開眾達國際法律事務所。沒想到，有機會享受更自由的執業空間，能專心陪同客戶到海外開庭，猶如早期外國廠商來台投資時，常見他們的律師陪同一起前來，參與並詢問各項商業投資所涉及的法律細節。這段經歷不僅讓我見識不同法制的訴訟實務，更擴大了我的眼界。

所謂「讀萬卷書，行萬里路」，藉由參與這起開曼訴訟的經驗，以觀察者的角度檢視聚集在法庭內十多位律師的表現，更確認了我在本書所提出來的訴訟心法。我的體會是，這套心法不僅能運用在屬於大陸法系的我國訴訟，也可以運用在英美法制的訴訟。只要抓住訴訟的根本，就能順利度過訴訟之旅。

訴訟心法

訴訟的三角關係～

知己知彼，將心比心

後記

感謝主！
願上帝賜福所有人，
能免於訴訟的紛擾，
或和平地解決糾紛，
或選到合適的律師，
平安喜樂。

國家圖書館出版品預行編目資料

律師不會告訴你的事1：打贏官司的30大心法／張冀明 著. -- 二版. -- 臺北市：商周出版：家庭傳媒城邦分公司發行, 2022.06　面：　公分.
ISBN 978-626-318-277-6（平裝）
1. CST: 訴訟法　2.CST: 判例解釋例
586　　111005881

律師不會告訴你的事1：打贏官司的30大心法

作　　者／張冀明
文字整理／劉萍
責任編輯／陳玳妮
版　　權／林易萱

行銷業務／周丹蘋、賴正祐
總 編 輯／楊如玉
總 經 理／彭之琬
事業群總經理／黃淑貞
發 行 人／何飛鵬
法律顧問／元禾法律事務所　王子文律師
出　　版／商周出版
城邦文化事業股份有限公司
臺北市中山區民生東路二段 141 號 9 樓
電話：(02) 25007008　傳真：(02) 25007759
Blog：http://bwp25007008.pixnet.net/blog
E-mail：bwp.service@cite.com.tw
發　　行／英屬蓋曼群島商家庭傳媒股份有限公司城邦分公司
臺北市中山區民生東路二段 141 號 2 樓
書虫客服服務專線：(02) 25007718、(02) 25007719
服務時間：週一至週五上午09:30-12:00；下午13:30-17:00
24 小時傳真專線：(02) 25001990、(02) 25001991
劃撥帳號：19863813；戶名：書虫股份有限公司
讀者服務信箱：service@readingclub.com.tw
城邦讀書花園：www.cite.com.tw
香港發行所／城邦（香港）出版集團有限公司
香港灣仔駱克道193號東超商業中心1樓
E-mail：hkcite@biznetvigator.com
電話：(852)25086231　傳真：(852) 25789337
馬新發行所／城邦（馬新）出版集團【Cité (M) Sdn. Bhd.】
41, Jalan Radin Anum, Bandar Baru Sri Petaling,
57000 Kuala Lumpur, Malaysia.
Tel: (603) 90578822　Fax:(603) 90576622
email:cite@cite.com.my

封面設計／李東記
排　　版／新鑫電腦排版工作室
印　　刷／韋懋印刷事業有限公司
經 銷 商／聯合發行股份有限公司
電話：(02) 2917-8022　傳真：(02) 2911-0053
地址：新北市231新店區寶橋路235巷6弄6號2樓

■ 2007年09月27日初版
2022年06月02日二版

Printed in Taiwan
城邦讀書花園
www.cite.com.tw

定價400元

商周出版

廣　告　回　函
北區郵政管理登記證
台北廣字第000791號
郵資已付，免貼郵票

104台北市民生東路二段141號2樓

英屬蓋曼群島商家庭傳媒股份有限公司　城邦分公司

請沿虛線對摺，謝謝！

商周出版

書號：BJ0086　**書名：**律師不會告訴你的事 1　**編碼：**

請於此處用膠水黏貼

商周出版

讀者回函卡

線上版讀者回函卡

感謝您購買我們出版的書籍！請費心填寫此回函卡，我們將不定期寄上城邦集團最新的出版訊息。

姓名：＿＿＿＿＿＿＿＿ 性別：□男 □女

生日：西元＿＿＿＿年＿＿＿＿月＿＿＿＿日

地址：＿＿＿＿＿＿＿＿

聯絡電話：＿＿＿＿＿＿＿＿ 傳真：＿＿＿＿＿＿＿＿

E-mail ：

學歷：□ 1. 小學 □ 2. 國中 □ 3. 高中 □ 4. 大學 □ 5. 研究所以上

職業：□ 1. 學生 □ 2. 軍公教 □ 3. 服務 □ 4. 金融 □ 5. 製造 □ 6. 資訊
□ 7. 傳播 □ 8. 自由業 □ 9. 農漁牧 □ 10. 家管 □ 11. 退休
□ 12. 其他＿＿＿＿＿＿＿＿

您從何種方式得知本書消息？
□ 1. 書店 □ 2. 網路 □ 3. 報紙 □ 4. 雜誌 □ 5. 廣播 □ 6. 電視
□ 7. 親友推薦 □ 8. 其他＿＿＿＿＿＿＿＿

您通常以何種方式購書？
□ 1. 書店 □ 2. 網路 □ 3. 傳真訂購 □ 4. 郵局劃撥 □ 5. 其他＿＿＿＿

您喜歡閱讀那些類別的書籍？
□ 1. 財經商業 □ 2. 自然科學 □ 3. 歷史 □ 4. 法律 □ 5. 文學
□ 6. 休閒旅遊 □ 7. 小說 □ 8. 人物傳記 □ 9. 生活、勵志 □ 10. 其他

對我們的建議：＿＿＿＿＿＿＿＿

【為提供訂購、行銷、客戶管理或其他合於營業登記項目或章程所定業務之目的，城邦出版人集團（即英屬蓋曼群島商家庭傳媒（股）公司城邦分公司、城邦文化事業（股）公司），於本集團之營運期間及地區內，將以電郵、傳真、電話、簡訊、郵寄或其他公告方式利用您提供之資料（資料類別：C001、C002、C003、C011 等）。利用對象除本集團外，亦可能包括相關服務的協力機構。如您有依個資法第三條或其他需服務之處，得致電本公司客服中心電話 02-25007718 請求協助。相關資料如為非必要項目，不提供亦不影響您的權益。】

1.C001 辨識個人者：如消費者之姓名、地址、電話、電子郵件等資訊。
2.C002 辨識財務者：如信用卡或轉帳帳戶資訊。
3.C003 政府資料中之辨識者：如身分證字號或護照號碼（外國人）。
4.C011 個人描述：如性別、國籍、出生年月日。

請於此處用膠水黏貼